生きる力を育てる学習支援

知的障害児のために

田口 則良
Noriyoshi Taguchi

目　次

はしがき………………………………………………………………… 9

第Ⅰ部　知的障害児に「生きる力」を育てる学習支援の在り方……………… 11

1章　「生きる力」を育てる学習支援の意義 ………………………… 13

　1　特別支援教育35年の自分史−最終講義−……………………………… 15

　　「心理学が趣味です」−調布市（小学校教員）時代

　　「カボチャからニンジンが出てきた‼」−福岡教育大学時代−

　　流れに逆らう教育への挑戦−久里浜・研究所時代−

　　「資料から捨てられた子どもはどう取り扱うのですか」−広島大学前半−

　　「個が生きる授業の創造」から学んだこと−広島大学後半−

　　人生には、自分の進路について、決断を迫られるときが数回ある

　2　「生きる力」とは ……………………………………………………… 23

　　1）「生きる力」の意味

　　2）援助的対応の重要性

　　3）「学習意欲」の意味

　　4）「生きる力」に結びつく学習意欲

　3　打算的な学習意欲とコントロールが効きにくい学習意欲…………… 28

　　1）学習意欲の2様相

　　2）学習意欲のねらいと構成要素

　　3）学習意欲の育て方

　　4）学習意欲の捉え方

　　結語

　4　特別支援学級に多い教師中心型授業の実態……………………… 37

　　1）学習意欲の障害で生起しがちな授業スタイル

　　2）学習意欲と授業との関係を明らかにする調査の手続き

3）抽出された授業スタイルの型と誘発された学習意欲

4）授業スタイルを規定する他の要因

2章　学習支援を阻害する行動特性……………………………………… **45**

1　学習活動でつまずきやすい行動特性……………………………………… 47

　　1）一般的な行動特性

　　2）学習場面で認められる学習意欲の現れ方

2　課題解決能力からみた行動特性…………………………………………… 53

　　1）課題解決能力は学習の所産

　　2）課題解決能力の特性

　　3）情報の役立て方

3　息が合う子ども理解の進め方……………………………………………… 63

　　1）子どもの心を引き付ける

　　2）子どもの心が離れていく

　　3）子どもと教師との息が合う

　　結語

3章　一人ひとりの実態や特性に即した教育課程………………… **73**

1　教科・領域を合わせた指導形態…………………………………………… 75

　　1）教育課程の二重構造

　　2）生活単元学習

　　3）作業学習

　　4）日常生活の指導

　　5）あそびの指導

　　6）自立活動

2　障害程度と年齢とを踏まえた教育内容の系統…………………………… 88

　　1）障害程度を踏まえた教育内容の系統

　　2）教育内容の系統に基づく教育計画の立案

　　結語

3　発達課題の把握と効果的な指導法……………………………………　98
　　　　1）発達課題の捉え方
　　　　2）発達課題を踏まえた教育の原理
　　　　3）発達課題を踏まえた教育の実践
　　　　結語

4章　「生きる力」の育成を目指す授業スタイル …………………………　**107**

　　1　教師中心型と子ども中心型スタイルの学習意欲に及ぼす効果……　109
　　　　1）授業研究による比較の手続き
　　　　2）図工科「はり絵の指導」
　　　　3）理科「磁石の実験」

　　2　実生活に結びつく個が生きる授業作り…………………………………　115
　　　　1）積極的な学習活動を引き出す教師発言の見直し
　　　　2）将来生活を見通す直接体験学習
　　　　3）個が生きる授業の核となる学習意欲

　　3　個別指導、及びグループ指導の特徴を活かした授業スタイル……　119
　　　　1）個別指導の特徴を活かした授業スタイル
　　　　2）グループ指導の特徴を活かした授業スタイル
　　　　3）グループ指導と個別指導を併用する授業スタイル
　　　　結語

　　4　子ども自身が行う自己評価活動の導入……………………………………　127
　　　　1）求められる人間像
　　　　2）評価活動の2タイプ
　　　　3）評価活動の条件

5章　重複した障害を兼ね備える子への学習支援………………………　**135**

　　1　ことばの遅れた子のコミュニケーション行動の指導………………　137
　　　　1）コミュニケーション行動（信号系活動）の意味
　　　　2）コミュニケーション行動形成の指導法

結語

  2 発達障害と知覚－運動学習…………………………………… 145

    1）発達障害とは

    2）知覚－運動学習の手法の種類

    3）ケファートの知覚－運動学習

    4）エアーズの感覚統合学習

    5）フロステッグのムーブメント教育

第Ⅱ部　思いやりの心情を育てる取り組み…………………………… 155

1章　通常児に思いやりの心情を育てる学習支援…………… 157

  1 思いやりの心情理解とは…………………………………………… 159

    1）思いやりの心情理解とは

    2）「共に生きる」発想の重要性

  2 思いやりの心情を育てる授業スタイル………………………… 164

    1）体験学習

    2）理解学習

    3）心情理解学習の必要性

  3 障害児理解の学校経営……………………………………………… 178

    1）浮上する問題への対応の難しさ

    2）特別支援学級該当児の行動特性、診断、指導法

    3）通常学級児童への対処

    4）学校ぐるみの取り組み

2章　思いやりのある子が育つ家庭環境（家庭教育）……………… 185

  1 思いやりの心情が育つ家庭の条件……………………………… 187

    1）しつけの実態

    2）家庭で「思いやり」を育てる

  2 日常茶飯事にみられる「子育て」考、四題 ……………… 192

1）子どもの言いなりになる親

2）生活に役立つ「ことば」

3）自己中心的な「自我」

4）「子どもは親の背を見て育つ」

3章　社会に負けぬ「生きる力」を有する人間の育成（公開講座）……　199

1　「生への欲求」の活性化を図る受容的接し方 ………………………　201

1）心を開くとは、閉ざすとは

2）心を閉ざし、深刻であった症例

3）心を開く状況作りの条件

2　理解しにくい現代っ子の育ちと受け止め方…………………………　211

1）現代っ子の心理の特徴

2）現代っ子を支える環境と子育て

結語

初出一覧……………………………………………………………………　221

あとがき……………………………………………………………………　223

筆者　略歴…………………………………………………………………　225

はしがき

　広島大学を定年退職した折、それまでに書き溜めた雑誌や講演等の草稿を纏めて、一冊の書物にする予定であった。ところが、間を置かず、福山平成大学に移籍し、学科長、学部長、学長と管理職をすることになったため、筆者の性分上、複数の仕事を同時に処理していくことが難しく、当初の心づもりが次第に、薄れていき、そのまま、放棄してしまうことになった。

　爾来、20数年余りが過ぎ、今日に至り、退職してやっと、自由の身になったが、今度は何しろ、米寿を迎える年頃にもなって、改めて、執筆に取りかかる気力は、消失してしまった。しかし、自由時間は、いくらでもある。これまで書き溜めていた草稿等を処分するのも勿体なく、ひと踏ん張りして取り掛かることにした。

　ところで、筆者の長年の研究テーマである、内発的動機づけや、子ども中心の学習など、つまり、「生きる力を育む教育」の主題は、2008.9年に改訂された、現行の学習指導要領で、「主体的、対話的な深い学び」の推進として、改善が求められるようになった教育理念と一致しているように思う。今や、学校現場では、一斉に共通のテーマとして設定し、開発に取り組み、効果的方法を公開するまでになった。元々、筆者の研究の発端が、子どもを中心に据えて出発する視点に立っていたので、当然ではあろうが、これ程までに早く、革新的な動向が教育界を風靡するようになるとは、予想していなかった。筆者の研究は、障害児が中心ではあるが、お世話になった先生方へのお礼の気持ちも込めてご参考にしていただける内容があればと思い、纏めることにした次第である。

　他方、重度・重複障害児を対象とする事例研究や、障害児を支える人的環境づくり、つまり、両親や、通常児に「思いやりの心情」を育てる教育は、現代の社会趨勢からして、必須の課題であり、取り組みが必要とされる領域でもある。しかも、筆者の研究分野とオーバーラップして

いる。それだけに、活用して頂ける内容があるのではないかと思い、公開することにした。

　筆者が「生きる力への教育」に関心を持つようになった30年前の時代は、教師中心の指導、知識偏重の教育、行動主義教育が主流であり、今日の思潮とは、相容れないものであった。しかし、その頃でも、筆者の「子ども中心の学習」について、賛同される学校や教師が、全国的に散在しており、地道にコツコツと研究を重ねていたものである。筆者が、機会があって、当地を訪問すると、国立特別支援教育総合研究所に勤めていた関係から、知り合いが多く、発想を同じくする同志がこぞって参集し、活発に意見を交換し、持ち返って実践し、再度、話し合う機会を作り、高め合っていたものである。本書にも随所に紹介させていただいている。

　また、知的障害児について、特に重度・重複障害児の教育については、個人差が大きいため、焦点が定まらず、共通した取り組みが至難の業であり、纏まった研究実績を挙げるまでには、到っていないのが実情である。筆者の研究でも、綿密な計画の下に細心の注意を払って行なった実践ではあったが、失敗した苦い経験がある。しかし、総合研究所では、障害種別の各研究部から、代表者が集まって構成されるプロジェクトチームを編成して、徹底的に話し合って、方針を定めて、来談者と接する方法であった。そのため、比較的、期待される成果が上っていたと思う。委員の中には、医者あり、心理療法士や理学療法士など、色々な職種の専門家が含まれていた。近き将来には、どの地域の関係機関でも、種々の職種の専門家で構成されるチームにより、相談が受け付けられるよう、制度化されることが望まれる。

以上

第Ⅰ部

知的障害児に「生きる力」を育てる学習支援の在り方

1章
「生きる力」を育てる学習支援の意義

1章 「生きる力」を育てる学習支援の意義

1 特別支援教育35年の自分史 − 最終講義 −

前置き

　西条地域へ移転のため、東雲キャンパスで授業ができなくなる中での
最後の講義と、広島大学における筆者自身の最後の講義とが重なり、胸
に迫る思いがする。学内の教官や学生の諸君には、引っ越し準備の真只
中で多忙なとき、このような機会を作っていただき、感謝の念で一杯で
ある。また、阪神淡路大震災で大阪、東京方面から参加のお方は、交通
不便の折、心労を煩わされたことであろう。

　顧みると、昭和53年に広島大学に移り早、17年間が経過した。それは、
大学院生時代、福岡教育大学時代、国立特別支援教育総合研究所時代合
わせて、17年間に相当し、その割には、大変、短かったように感じる。
これも皆様のご支援のお蔭であり、快適な期間であったからであろう。
以下、表題について、話をしたい。

「心理学が趣味です」 − 調布市（小学校教員）時代

調布市教育研究会　教育問題研究部に所属

　24歳のとき、宮崎県の小学校の教員を退職して、東京都調布市立の小
学校の教員に拝命。その際、教育委員会に提出した履歴書の趣味の欄に
「心理学」と記入した。武蔵野の面影が残る赴任地の八雲台小学校のN
校長が、"心理学が趣味ならば、市教育研究会では、教育問題研究部に
所属して欲しい"と言われた。その研究部は、まだ、調布市に1校もなかっ
た特別支援学級設置への準備委員会であった。

特別支援学級担任に任命

　2年間の努力の末、特別支援学級設置にこぎつけたが、担任になる希

15

望者がいなかった。勿論、私もしなかった。"あなたが準備委員として積極的に働いたので責任を取って担任になって欲しい"と懇願され、特別支援学級担任を引き受けた。16人の児童をN教師と2人3脚で教育することになった。

「カボチャからニンジンが出てきた!!」－福岡教育大学時代－

付属福岡小学校の研究公開、特別支援学級での出来事

　授業を助言者として参観していたときのことである。確か、3，4年生のクラスで、10名位の児童がいたのではないだろうか。周囲を20数名の参観者の教師が取り囲んでいた。担任のH氏が、授業が始まると、おもむろに"カボチャ"の絵図を提示し、「何かな」と質問した。一斉に、"カボチャ"。「次は」と尋ね、その絵図の中に嵌め込んである楔型の一部分を取り去って、切れ目から、"ニンジン"の絵図を提示した。

　ダウン症の女児がさも驚いたような声で、"カボチャからニンジンが出てきた!!"と叫んだ。予想しない発言であったので、私たちはビックリした。担任の気持ちは、楔型の切れ目から、ニンジン、キャベツ、大根、ジャガイモと次々に提示して、まとめて、「今日は、カボチャの仲間について勉強する」と言うつもりだったのであろう。

　担任は、とっさに"まあ、まあ、わかった。わかった"と言って、制止し、何食わぬ顔で、次々に提示して、「キャベツ、大根」と発言させた。

「内発的動機づけ」指向への目覚め

　その日の批評会では、子ども達は、「カボチャからニンジンがでてくること」はあり得ないので、素朴な疑問をもったのだろう。その疑問が、課題意識になり、進んで解き明かそうとする意欲に結び付いていくのではないだろうか。「どうしてかな」と取り上げるべきで、制止するのは

まずかったという結論になった。

　後になって、このような絵図を「**新奇性刺激**」といい、内発的動機を発現させる有効な刺激であることがわかった。以上のような出来事を体験しながら、筆者の内発的動機付けへの関心は、高まっていったと思う。

流れに逆らう教育への挑戦－久里浜・研究所時代－

知的障害特別支援研究部発足当初

　筆者が研究所に入ったのは、1972年3月で、創設間もない頃であった。知的障害研究部には、軽度と重度の2つの研究室があり、松原隆三氏が部長、筆者が軽度の室長、もう一人、建川博之氏が重度の研究員であった。　研究テーマが偏らないようにしようと話し合って、筆者は、2人が手を付けていない「学習意欲」を分担することになった。

オペラント学習と考え方がかみ合わず苦慮

　半年位、経った頃であったろうか。オペラント学習を積極的に研究していた東正氏が重度の室長として任命された。たいへん、エネルギッシュな人で、日本オペラント学習研究会を結成し、全国規模で、たくさんの研究者や教師たちと共同研究をしていた。当時は、1979年の特別支援学校義務制に向かって、知的障害特別支援学校では重度化が進行し、重度児の教育方法が求められている頃であった。オペラント学習は、分かりやすい指導法であったので、瞬く間に全国を風靡することになった。

　それに対して筆者の方は、「内発的動機づけを中心にした学習意欲の研究」であったので、外発的動機づけ、つまり、褒めたり、叱ったりして学習意欲を喚起させるオペラント学習とは、理論的にかみ合わず、その上、的確な研究方法が見つからず、ほそぼそと取り組んでおり、落ち込みっぱなしの状態であった。

第Ⅰ部　知的障害児に「生きる力」を育てる学習支援の在り方

知的障害児の学習意欲の乏しさは誤学習

　とにかく、当時は、特別支援学級の授業をやみくもに参観していた。その結果、授業中、褒めたり、叱ったりしないと学習しない子どもになっているのは、いつも、教師が褒めたり、叱ったりして指導しているからで、その結果、学習意欲の乏しい受動的な子どもができたのではないか。子どもたちは、生来、怠け者であるはずがない。正に、誤学習されたのであると思うようになった。

流れに逆らう授業への挑戦

　褒めたり、叱ったりしなくても、すすんで学習する子どもにしていくためには、どのように授業を構成すればよいかを研究してみようと思うようになった。まさに褒めたり、叱ったりして進める仕方を子どもの要求のままに流される指導とすれば、それをしないのであるから、その流れに逆らう指導法ということで、「流れに逆らう授業への挑戦」とでも言えよう。

　そのためには、色々と工夫して、授業を構成して、実際に特別支援学級の中で確かめてみる以外にないと考え、各県から派遣された長期研修生と、神奈川県内の多くの小学校へ出かけて、授業をさせてもらった。

　その結果、確かに適当な難しさの学習内容を用意して、子ども中心型の授業が編成できれば、それが可能になるという手応えを得た。

「資料から捨てられた子どもはどう取り扱うのですか」
－広島大学前半－

博士論文「知的障害児の教授方法に関する研究」3年間の取り組み

　1978年、学校教育学部へ赴任して間もない頃、博士論文を作成して提出するようにと、大学院時代の指導教官であった小林利宣教授から要請があった。大学へ移ったときでもあったし、その作成のための約3年間は、大変な仕事であった。何時迄に第一章を書き上げて持ってくるよう

にという指導スタイルだったので、出張先でも夜遅くまで原稿を書いたものである。

バーライン（Berlyne,D）の概念葛藤理論を授業に導入

　研究は、久里浜で行なった学習意欲に関する授業研究の延長線上にある。バーラインによる概念葛藤理論を授業の中に生かそうというものであった。てんびん教材と影絵教材の2教材で進めた。てんびん教材で行なった実験の一部を紹介すると、被験者としては、中学校の特別支援学級の子どもであったが、被験者になれるのは、支点からの距離が同じであれば、重い方が下がることが分かっており、支点からの距離の長短で釣り合い方が変わることは知らない子どもを事前調査をして選んだ。

　主実験の方法は、先ず、支点から等距離での重さの判断をさせる。その次に支点からの錘の位置を気付かれないように注意しながら変えて、重い方が上がったり、釣り合ったりする現象を見せる。支点からの距離の違いが関係しているのだと気付かない子どもは、「どうしてだろう」という疑問が生起する。次に、最終試行として、錘の軽重と支点からの距離の長短を色々、組み合わせて、判断を求め、連続して正答が言えるようになった段階で中止する。

　重い方が上がったり、軽い錘との間で釣り合ったりする事象に強い疑問が生じた子どもほど、最終の試行で、回数が少なくても、早く、できるようになった。これは、疑問を持った子どもは、課題意識が生じ、最終の試行で、その理由を分かろうとして努力した結果、支点からの長さが関係することに気付いたからだと思う。

審査会での質問

　博士論文の合格を判定する審査会は、丁度、2月の大変、寒い日で、始まったのは夕方の6時頃からであった。緊張して、レジュメに従って説明すると、一人の教授が、"データから排除された子どもたちには、どのような指導が可能であるか"と質問した。実は、本実験に参加した

第Ⅰ部　知的障害児に「生きる力」を育てる学習支援の在り方

対象児は62名であったが、事前試行段階で、条件に達せず、排除された子どもたちがその他に23名いた。

　恐らく、その教授は、「障害児の研究では、このような排除される子どもに焦点を当てることこそ、大切ではないのか、条件から外れる子どもを対象外にするような研究は、土台、障害児の研究では、あってはならないことであろう」と言いたかったのではないだろうか。冷や汗三斗だった。この課題は、その後の筆者の事例研究の主要なテーマになった。

「個が生きる授業の創造」から学んだこと－広島大学後半－

21世紀を指向した東雲小の研究課題

　1990年に東雲小の校長に選任された。最初の新任者歓迎会の席上、"私は、焼酎しか飲まない"から端を発して、全く、自由奔放に振舞ったので、その意味では、副校長や多くの教師を困らせることが、多々、あったのではないかと思う。一年目に、副校長が他界されるという不幸な出来事があり、教員・児童が一丸となって、一生懸命、苦境を乗り切ったことが忘れられない。人生について、大きな勉強をさせていただいた。

　当時の2年間の東雲小の研究テーマは、「個が生きる授業の創造」、特に、評価の観点から、見直してみようというものであった。21世紀を数年後にひかえて、どのような子どもを育成するかが、緊急を要する研究課題であった。

　「個が生きる授業」とは、個人差に応じるというグルーピングの問題ではなく、すべての子どもが授業の中で、生き生きと活動するという子どもの立場からの発想に基づくものであった。そのために子ども自身の自己評価の育成が大切にされた。

障害児の目指す「生きる力」とは

　このような発想に呼応するかのように、障害児の教育現場でも「生きる力」の育成という課題が、浮上するようになった。「生きる力」とは、「生

活する空間の中で、自分の力を精一杯出し切って社会参加・自立ができる程度」であり、重度の子どもは重度の子どもなりに周囲からの援助が大きくなり、軽度の子どもはその子なりに援助が少ししか要らない。とにかく、その子なりに持っている力を最大限、出し切って、生活自立ができる程度ということになるのではないか。即ち、子どもの生きる力には、周囲がどのように関わるかが重要な条件になる。

「生きる力」の育成は、学校生活そのもの

東雲小の特別支援学級の子どもたちは、どの子どももその子なりに毎日の学校生活を精一杯、生きている。「生きる力」の発揮する場は、将来は、勿論であるが、本日の学校生活の中にも同じことが言える。本日、持てる力を精一杯出し切って生きている姿は、「生きる力」の発現そのものだろう。

つまり、今日の授業をどのように構成して、最高に生活させることこそ、明日、将来に繋がっていく「生きる力」の育成になるのではないだろうか。東雲小の特別支援学級の教師と子どもたちの真剣な関わり合いを見ている内に、このようなことに気付かせていただいた。

人生には、自分の進路について、決断を迫られるときが数回ある

もし、福岡に留まっていたら

1965年代に遡るが、福岡教育大に在職して、結婚し、生活が落ち着き、自家用車の運転免許を取り、丁度、土地を購入して、家を建てようと計画を立てているとき、久里浜の特別支援教育総合研究所の知的障害研究部長松原隆三氏から、「研究所に来て欲しい」という要請があった。

生活が落ち着こうという矢先であったので、どうしようかと迷った。恩師である広島大学心理学教室の古浦一郎教授に相談したところ、"**人生には、自分の進路について、決断を迫られるときが、数回ある。その一つのチャンスが今だ。試されているのであろう。一つ、心を決めて行っ**

第Ⅰ部　知的障害児に「生きる力」を育てる学習支援の在り方

てみなさい"と勧められた。筆者は、その一つのチャンスが開けていくことを信じて、「清水の舞台」から飛び降りるような気持ちで、久里浜に行くことを選んだ。

久里浜に行き、学校教育学部に在職して学んだこと

　今日、退職するときになって、「久里浜に行かなかった方が良かったのか、行った方が良かったのか」と思いめぐらすときがある。久里浜を選んだことを中心に考えると、着任した頃から、研究課題が急に多肢に渡ってきた。また、第一線で活躍している著名な教師、研究者が知り合いになり、たくさんの研究仲間を全国規模で得ることができた。

　更に、**「内発的動機づけ」**について、研究課題として追求しようという信念が持てるようになった。何しろ、本日、お聴き下さっている皆様にお会いできたのも、久里浜を選んだお陰であり、久里浜を選んだことに満足している。

　最終講義としては、粗雑で、お聴き苦しい点も多々あったと思うが、これを持って私の重責を終わらせていただきたい。ご静聴有難うございました。

以上

1章 「生きる力」を育てる学習支援の意義

2 「生きる力」とは

1）「生きる力」の意味

　「生きる力」とは、知識や技能を最大限駆使して社会的自立が図れる程度であり、その仕方に生き甲斐を持っていることである。文部科学省は現行の学習指導要領で「生きる力」の基本的な考え方として、「確かな学力」「豊かな人間性」「健康と体力」の３要素から整理している。その内の「確かな学力」は、変化の激しいこれからの社会を生き抜くために求められる「全人的な資質や能力」を意味している。本書の第Ⅰ部で取り扱う「生きる力」は、 この範疇に入る。また、本書で使用している類似した用語として、「学習意欲」、「課題解決能力」、「生活力」、「学び方の能力」等があるが、すべて、第１部でいう「生きる力」を構成する下位要素である。

　さて、本書で取り扱う「生きる力」に付いて、説明したい。障害児教育が重度・重複化しない以前は、「生きる力」を個人的な能力だけに限定して捉えていた。White（1959）は、生活力を「**competence**」という用語を用いて、「生活上、起こりうる種々の事象に対して自分の力で解決し、生きていこうとする力」と定義した。もともと、competenceは、ラテン語のcompetereと語源を共有する「**能力**」を意味する。また、同義語として用いられる「**社会的適応能力**」は、社会との間に調和的関係を保ちながら、自分の欲求を満足させられる力と言われるように個人の能力だけに視点がおかれていた。ところが、近年、特別支援教育の対象が益々、重度・重複化する傾向の中で、個人の能力だけで把握する仕方だけでは、生活力が理解できなくなり、周囲から、障害児の方へ歩み寄る発想が必要になってきた。小出（1987）は、生きる力を、「自立的に生活する力」と捉え、更に、「自立的生活」を「自分の力を最大限に発

第Ⅰ部　知的障害児に「生きる力」を育てる学習支援の在り方

揮し、他者から受ける援助を最少限にして取り組む生活」と説明している。即ち、**援助的対応**の必要性と、適切な関わり方を強調しており、環境に還元される条件を付け加えている。

　更に、欧米から入ってきたQ.O.L.（Quality　of　Life）の思想は、近年、**「生き甲斐」**の問題として、クローズアップされ、生きる力においても、根底に横たわる条件として、挙げられるようになった。社会的自立は、他人の援助的対応を少なくする役割としてあるのではなく、自身の利益、生活への充実感、満足感のためにあるということになる。

2）援助的対応の重要性

　「生きる力」の条件に、周囲の援助との関わり合いを取り入れるようになった発端の1つに、**統合教育の運動**が挙げられる。障害状況は、視点を変えて考えると、通常児からの援助的対応が不十分であったり、施設・設備の配慮が行き届いていない場合に生ずるのであり、その意味では、**社会的困難**（handicap）と捉えられる。

　又、以上の見地から、近年、周囲の援助的対応によって、生きる力が高まるという実践研究が報告されるようになった。自閉児が、母親の対応の仕方によって、習得が難しい要求言語行動が形成されたという症例研究がある。また、花熊や竹田らの提唱する**インリアル・セラピー**（inreal・therapy）では、指導者が子どもの行動を読み取り、言葉かけのモデルに従って、適切に反応してやれば、コミュニケーション行動が楽しく習得できる方法である。言語環境を整えることにより、コミュニケーション行動の促進を図る方法が普及している。

　また、西山ら（1987）[2] や守口ら（1990）[1] は、知的障害児を対象に、教師のコミュニケーション行動を指示的・要求的・禁止的働きかけから、受容的、激励・展開・拡充的仕方へ変えたところ、初期段階では拒否的行動が多かったのが、減少し、受容的、伝達的行動が増加したという。

　自閉児のいる家庭において、家庭のストレスを解放してやるために、

週末、定期的に教師やボランティアが訪問して、相談を受けたり、症児を除く家族にレクレーションや休息の時間を確保してやったところ、症児の問題行動が軽減するという報告がある。欧米では、このような取り組みを**レスパイトケア**（Respite　Care）と名付け、制度化している地域がある。

3）「学習意欲」の意味

　「学習意欲」とは、学習場面に限定して捉えられた動機づけのことである。**「動機づけ」**とは、行動を起こさせ、続けさせ、それが終わった時点で、また、機会があれば、繰り返し起こさせようとする心の働きのことである。行動するためには、背景にそれを指令する何かがなければならない。その「何か」を想定して、命名された説明概念が「動機づけ」である。このようにして構築された動機づけには、4つの機能が認められている。

①**初発的機能**……行動を起こさせ、続けさせ、ある時点で終わらせる働きであり、方向性のないエネルギーの総体である。

②**指向的機能**……行動をある目標に向かって方向付ける働きである。授業でいう導入段階はこの①と②の機能の総体といえる。学習の目標に向かってやる気を起こさせるのが導入の役割であるが、「やる気」が①の機能に対応し、「目標に向かって」が②の機能に対応する。

　どちらか片方が欠けても導入がうまくいったとはいえない。支援学級の授業ではともすると、「やる気」の①の機能だけが重視される傾向がある。また、通常学級では、①の機能が軽視されて、②の機能の「目標への方向づけ」だけが念入りになされる傾向がある。どちらも導入に関しては不十分である。

③**調整的機能**……目標を獲得するために必要な部分行動を選択したり、順序付けたりする働きである。知的障害児は特にこの機能に欠陥がある。なぜなら、この機能には知的機能がもっとも関与しているからで

第Ⅰ部　知的障害児に「生きる力」を育てる学習支援の在り方

ある。

④**強化的機能**……ある行動が完結した際、この行動をもう一度、繰り返そうとする意欲を高めたり、低めたりする働きである。

この４つが総合された全体が「**動機づけ**」と言われるものである。これから類推して動機づけとは行動の全過程をコントロールする原動力になるものといえよう。

４）「生きる力」に結びつく学習意欲

　学習意欲が、授業を行う場合に重視されるのは、それが喚起されると、教師が意図した教育内容を効率よく習得させられ、また、それを集団活動の中で誘発すれば、生きる力にまで高められるからである。この２つの理由を更に細かく**生きる力のレベル**に対応づけてみると、４つの段階に分けることができる。先ず、学習内容を効率よく取り入れようとする第１段階、それをそのままの形で、又は修正して生活の中に生かそうとする第２段階、生きる力の一部となり、無意識に活用していける第3段階、他人の行動や意見に影響されることなく、自信をもって保持できるようになる最終段階である。できれば、第4段階の生きる力にまで高まることが望ましいが、障害児の場合、実際には第１、第２段階に留まっており、したがって、習得した知識や技能が早晩、生活の中へ定着しないまま、消え去っていく宿命にあるものと思う。

　第４段階の**生きる力にまで高められる授業**は、如何なる条件を具備して構成する必要があるだろうか。筆者は、先ず、**自己教育力を育てる学習過程重視の指導法**の導入を挙げたい。生活単元学習・行事単元によって説明すると、大げさに言えば、発表会当日は、既に学習してしまった残骸と考えてよいのであり、そこに至る計画・立案、練習また、発表会の段取りを決める際などの活動の中に、生きる力に役立つ行動力が育つ内容がたくさん、含まれている。教師側の行事を成功させたい意気込みが強いあまり、主動的に指導する仕方は望ましいことではなく、それで

は生きる力は身に付かない。

　もう1つは、学習内容は、**集団活動のフィルター**を通す必要がある。そうすることにより、初めて社会生活に耐えられる強い力になる。一般に、特別支援学校・学級の子どもたちは、他人と接する機会が著しく、制限されており、学校と家庭だけに限られている。そのために、自分本位の考え方から、一歩も抜けきれない欠点が目立つ。そこで、ある支援学校では通常児学校との交流を計画した。ところが、物怖じしてしまい、自信をなくし、顔さえ凝視できない始末になった。

　集団に耐えられる生きる力にするためには、先ず、問題を自分の課題として意識化し、自分なりに解決してみる「**ひとり学習**」が必要である。それにより、自分本位の主観的自己理解が得られる。次に、「グループ学習」の場を設定する。そうすると、自分の考えたこととの間違いや矛盾点が浮き彫りになり、主観的自己理解が砕かれるはめに陥る。このような経験が、その後の学習に生きてくる。そこで更に話し合いを深めていくと、お互いの考え方に修正が加えられるようになり、**統合化された客観的自己理解**にまで高められる。それは更に、日常生活の中で適用されることにより、再確認ができ、信念にまで変容していく。強調したい点は、集団活動のフィルターを通さない知識・技能は、真の生きた力にならないということである。

【引用文献】

1）守口　薫・山本順子・有本弘子（1990）：「重度精神遅滞児のコミュニケーション行動の形成を促す指導法の研究」．北九州市立特別支援センター平成元年度研究報告書18.

2）西山利行・下迫隆子・渡辺博文・伊藤福男（1987）：「重度・重複障害児のコミュニケーション行動の発達に関する研究」，広島県立教育センター研究紀要，14.

第Ⅰ部 知的障害児に「生きる力」を育てる学習支援の在り方

3 打算的な学習意欲とコントロールが効きにくい 学習意欲

1) 学習意欲の2様相

　学習意欲には、望ましくない**打算的な学習意欲**と教師のコントロールが効きにくい学習意欲とがある。先ず、前者から説明しよう。勉強させるのに大変、効き目のあるセリフがある。「そんな成績では高校へ合格しないぞ」、「今からいうことは、学期末テストにでると思うから、良く聞いておくように」、「去年までの生徒を見ると、3年生の1学期までに、クラスで頑張った者が希望する高校に多く合格した」等、学習意欲を起こさせるためには、学期末の成績や高校合格を材料に**脅迫する**ことが効果的である。その代わり、材料が魅力的でないものや到底、努力しても難しくて達成できないものになると、萎んでしまう。また、一斉指導で一番、学習意欲が高められ、得をする人は、教師が説明する内容が、スルスルと頭に沁み込んでいく「**やわらかい頭脳、スポンジヘッド**」の持ち主である。更に、それを試験の時に全部、思い出して書ける能力である。このような過程で育つ学習意欲は、試験で100点を採ったり、入学試験に合格するのが目標であり、**打算的な学習意欲**といえよう。このようにして習得した知識や技能は、褒めてくれる教師がいなくなったり、試験が終わってしまうと、すっかり忘れてしまうことになりやすい。従って、生きる力に結びつきにくい。

　もう一つの**教師のコントロールが効きにくい学習意欲**については、筆者が参観した授業を中心にして説明しよう。大学付属の小学校特別支援学級5年生男児は、**図工の時間**、粘土で恐竜を作っていた。りっぱな作品が出来ていたのに、気に入らなかったのか、終了時間スレスレに突然、壊してしまった。そうして慌てて、また、最初から作り始めた。時間が

28

きても止めない。給食を食べてからも作っている。それでも完成しないで、放課後、居残りして作っている。

　また、小学校、通常学級、4年生の算数の授業を例に挙げよう。「"たて"と"横"は同じですか？」の課題について、初めに辞書などで調べる時間を設け、各自、調べた後、話し合いに入った。意見が二手に別れた。「違う」というグループの考えは、"たて"は、一辺の上から下への方向、前から後への方向であり、"横"は、縦の辺と垂直の方向、前後に対する左右、または、上下の線に対して、水平の方向と説明する。それに対して、「同じ」というグループの意見は、実際に、箱の一辺を親指と人差指で挟み、「箱を倒しても、横にしても指の位置は変わらないので、同じ」と主張した。激論し合ったが、お互い納得できなかった。つまり、「同じ」と考えたグループの方は、縦と横方向や上下方向と水平方向などの位置についての関係概念が分かっていないのであるから、納得させるのは難しいのである。

　また、小学校6年生の理科の授業で、「"猿"はどんな動物か」を理解する授業を参観したことがある。日本ザルは、茶褐色、顔・お尻真っ赤、75センチ位、尾短い。それに対して、キツネザルは、灰・黒白・茶色、耳が大きく毛があり、目は大きく、黒い輪のあるものもいる、30〜60センチ位、また、ツバイは、灰褐色、鼻は長く、リスに似ている、20センチ位、尾も20センチ、小さい。「日本ザル」を「猿」一般と思い込んでいる子どもには、他の種類を猿と理解させるのは難しく、教師が学習をコントロール出来にくい教材である。「どうして同じ猿の仲間だろうか」というテーマの下に、各自の考えを発表し合い、類似した考えのグループを編成して、調べさせてみたら、如何であろう。このような課題を「新奇性刺激課題」と呼び、学習意欲が高められやすい。

2）学習意欲のねらいと構成要素

表1　学習意欲のねらい

段　階	内　容
取り入れ 活用	情報を取り入れる 習得したものを活用する 新しいものを作り出す
態度化 人格化	生活の一部となる 自分の信念にもとづいて行動する

　学習意欲には、4つの段階の下位ねらいがある。打算的な学習意欲が狙えるのは、「**取り入れ**」だけではないだろうか。その他に高次の段階の“**活用**”、“**態度化**”、“**人格化**”が挙げられる。高次の段階の学習意欲をねらう理由として、将来社会は現在のコピー社会ではなく、学んだことがそのままでは、通じない社会であるということである。従って、未知のこと、経験したことのない事柄が多く、自身で打開していかなければならないことになる。また、体得した信念を誰が何と言おうとも貫いていくことも必要であろう。このようなレベルの高い学習意欲を獲得させるためには、自分の自発的な学習意欲によって、行動を処していく力を付けさせておかなければならず、教師のコントロールの効かないもう一つの態度化され、人格化まで高められた学習意欲が役立つことになろう。

　学習意欲を構成する要素には、情的側面と意的側面とがある。筆者は、特に「**意的側面**」を重視する必要があると思う。現在の教育では、「**知**」と「**情**」については、かなり徹底した指導がなされてきているが、「**意**」は、軽視されてきているのではないだろうか。最近の子どもには、分からないことを納得がいくまで追求したり、正しいことを進んで行動に移す「**行動力**」が欠如しているように思われる。「**自律性**」とは、主体的に行動するということであり、他の誰かの言いなりに行動するという他律性の反対語である。自分の信念を誰が何と言おうとも貫き通していく

1章 「生きる力」を育てる学習支援の意義

強靭さ、逞しさが今日の子どもには育っていない。このような「意」を重視する側面は、打算的な学習意欲を育てる仕方では、役立たず、もう一つの教師のコントロールが効きにくい学習意欲を育てる方法が主導権を発揮することになる。

表2 学習意欲の構成要素

「情」的側面	「意」的側面
興味・関心	集中力・持続力
自発性・積極性	探求スタイル
自信	帰納的探求型
追求心	演繹的探求型
向上心	自律性・自己統制力

「意的側面」を育てるには、大きく3条件が挙げられる。先ず、学習内容が理解できることである。いくら教師が分かりやすく指導しても、子どもが分かっていないのであれば、役に立たない。子ども側からみて理解しているかを捉える必要がある。

ある中学校で実施した数学におけるやる気の実態調査によると、〈数学が好きな理由〉楽しい、考えることが好き、よくわかる。〈数学が嫌いな理由〉ややこしい、難しい、できない。〈やる気を起こした場面〉難しい問題を解く糸口が見付かったり、解けたとき、教えられた内容が分かったとき。 以上の調査結果を踏まえて、研究グループは、「数学の**基礎・基本を十分に習得させる**ことが好きにする条件」と結論している。

次に学習意欲が生起する条件として、**子どもを主役にする**ことが挙げられる。授業の主役を子どもが演じるということである。教師は、主導的に教えたがる悪い習癖を持っている。「教師」という言葉が誤解を招く。教える発想を先ず、捨て去ることが先決である。教師の能動的な働きかけは、必然的に教えられる受動的な子どもを作ることに連動する。教える・教えられる関係からは、将来を主体的に生き抜く力を持つ人間は育たない。子どもの学習意欲のなさ、受け身の態度は、教師や親が間違った教育や養育の下に形成されたものではないだろうか。以上のよう

31

第Ⅰ部　知的障害児に「生きる力」を育てる学習支援の在り方

な望ましくない師弟関係に気付いた、ある中学校では、授業場面で子ど
もと対面した場合、日頃の癖で起こりがちな**教え込もうとする気持ちを
しないよう我慢する**のが当初は精一杯だったという。このような事態に
直面したとき、一番、大切なのは、我慢して子どもの心情の動きを読み
取る努力である。その上で、どうすれば主体性が育つ働きかけになるか
考えるのである。この中学校では、殆どの教師が子どもの心情が読み取
れず、どうしてよいか分からず、立ち尽くすことが多かったそうである。
このような場面になると、教師は我慢できない。直ぐ、教えたくなる。
それに耐える。つまり、教師自身の自分との対決姿勢が学習意欲を育て
る条件である。

3 ）学習意欲の育て方

①責任を分担して主役にする。

　小学校6年生を対象に、子どもたちを主役にした「**ジクソー学習方式
による"四大工業地帯"**」の授業を紹介しよう。"四大工業地帯"（京浜
工業地帯・阪神工業地帯・中京工業地帯・北九州工業地帯）の特色を捉
えさせるのに、児童16名の子どもを4名ずつの4グループに分け、これが
学習の母体になる。この各グループから、一人ずつが出会って、四大工
業地帯の1つを勉強する新しいグループに参加する。そこで学んだ成果
をはじめの母体であるグループに持ち返って、4名で四大工業地帯の特
色を纏めるのである。母体の一人一人が四大工業地帯のどれかに参加す
るのであるから、全員が責任のある主役である。十分に説明ができない
といけないので、全員が真剣にならざるを得ない。
　「**"5"の合成分解**」の授業で、発達障害児が参加することになった動
機づけの仕方について紹介しよう。ある特別支援学級の授業を参観した
ときのことである。このクラスは在籍児が3名で、その中に5年生の発達
障害児がいた。残りの2名は教師の指示通りに活動していたが、一人は、
すべてに反抗して従わない。上側の穴から5つの玉を入れると、二手に

別れて落ちる、合成分解を学習させる教具の傍に坐るよう指示すると、二人は坐ったが、一人は、"どうして坐らないといけないの"と言って、反抗する。暫くして、「Ａちゃん！Ａちゃんが玉を入れて！」と誘い、**教師の役割をその子に譲り**、二人の子どもと同じ場所に腰を下ろした。Ａ子は思わず、教具の前に腰を下ろし、玉を入れ始めたのである。その後は、スムーズに授業に参加するようになった。

②自己決定をせまる葛藤場面を作る。

　通常学級での「**外国人指紋押捺問題**」の授業を参観したことがある。子ども達を含めて、筆者らもそうであるが社会の出来事を、傍観者的に捉える傾向がある。もっと、自分の問題として、主体的に受け止め、行動できる態度を形成させる必要があるのではないか、という観点から、構成した授業である。先ず、「外国人の指紋押捺についてどう思うか」という視点から、意見を求めた。多くが「外国人だから仕方がない」とか、「法律に定められているから従うべきだ」という応えであった。それを確認した上で、次に「もし、君たちが外国人の当事者であったら、指紋押捺に応じるか、応じないか」の行為を選択させた。これには押印に応じれば、「日本に住めることになるが、自分の初めの意見を否定することになる」、また、応じなければ、「日本に住むためには、法を破らなければならない」などの長所と短所が付きまとう。この両方の考え方を突き付けて、徹底的に議論させ、自分の問題として、どちらを選択するかを迫るのである。このような学習を通して、深い思慮に根差した意思決定ができるようになる。

③法則を発見させる。

　「**磁石の性質**」を素材にした授業スタイルの比較研究は、筆者が精力的に行ったものである。対象は多くの特別支援学級であった。「磁石は、鉄を引き付け、それ以外は引き付けない」という原理を、**発見型スタイル**では、教えないで子どもに気付かせる。説明型スタイルでは、初めか

ら原理を分かりやすく説明し、その後、それが事実であるかを確かめさせるのである。一般的には、**説明型スタイル**が多くの特別支援学級で行われている典型的な方法である。このような授業の結果、習得された記憶や態度等に関しては、根本的な違いが認められた。それは、発見型スタイルでは、授業直後より1か月後の方が、成績が向上したことである。それに対して、説明型スタイルでは下降した。また、発見型スタイルでは、授業終了後、磁石を買ってもらって、遊ぶ子どもが増加した。

④「考え」を無条件に受容する。

　ロシアの童話に「**大きなカブ**」というのがある。これを小学校特別支援学級高学年で説話を教材にして取扱った研究授業を参観した。"はじめにおじいさんが引いたのですね""続いておばあさんやってきたのですね"、"それから誰ですか"　子ども達は、反射的に"おとうさん"と答えた。この物語では、父親は国情のため、不在であり、登場していない。従って、誤答ではあるが、その理由が掴めない子ども達に対しては、一方的に誤答であると否定しない。通常学級高学年児童になると、不在の理由や当時の国情等が理解できるようになるので、恐らく、"おとうさん"と応える子どもはいないだろうが、どうして不在なのかを話し合わせる必要があろう。

　「**金の斧、銀の斧**」という日本の童話を、特別支援学級で取り扱った授業を参観したことがある。"どうして木こりは、女神さまが金の斧を持って水の中から現れたとき、『違う』と言ったのでしょう""鉄の斧でなければ、木は切れないから"、"女神さまは、どうして木こりに金の斧も銀の斧もあげると言ったのでしょう""よく、働くから""たくさん、持っているから"このような誤答は、鉄より、金・銀の方の値打ちがあるということを分からない子ども達には、木こりの**正直な行為**が褒美を頂くことに結びついたという因果関係が掴めないのである。教師の予想と反する答えが返ってきたとき、我々はどうするだろうか。一方的に間違いを指摘し、"正直なため"であると説明するのではないだろうか。つまり、

子どもの**追求心を育てる絶好の機会**を潰すことにもなりかねない。それを"なるほど"と認めてやり、更にどのように取り上げれば、追求心が高まることに結びつくか、熟考するゆとりを持とう。本授業では、子どもの考え方を肯定する段階で終了した。もう一歩、踏み込みが惜しかった。

4）学習意欲の捉え方

　授業中、挙手したり、自発的に発言したり、積極的に活動したりする行為は、**態度化・人格化**までに発展していくレベルの高い学習意欲と捉えても間違いないであろう。注意しなければならないのは、子どもたちがにぎやかに、楽しく活動する授業が、真の学習意欲を育てる授業と勘違いしないで欲しいことである。子どもが喜びそうな材料をたくさん準備して、面白く、楽しく取り扱うのは、リクリエーションのリーダーや人形劇の演者に任せた方が上手であろう。授業は、中身で勝負しなければいけない。「うまい」授業より、「**いい**」**授業**をしなければならない。追求心、向上心は、課題を追求していく**過程で育つ**のであって、結果は、学んでしまった「ぬけがら」と考えて差し支えない。結果だけを重視すると、打算的な人間が育ってしまう。学習過程で身に付いた真の探求スタイルは、授業終了後も保持される。授業終了後、自発的に辞典で調べたり、また、教師に質問したりする行動になって現れたり、識者に手紙を出して、資料を収集する行為になって現れたり、また、生活の中で活かそうとする行動になって現れる。従って、捉える場合も長期戦で臨まなければならない。真の学習意欲は、子ども自身の内面に生じる行為であるから、他人がどうこうする問題ではなく、本人自身が学習したことを、どう評価していくかに関係がある。教師から見ると、成績が良くなくても、本人が「**自分は頑張った。よくここまで出来たものだ‼**」と思っているのであれば、その気持ちをしっかり、受け止めてあげればよい。要は、本人の心にどこまで迫れるかが大切である。

第Ⅰ部　知的障害児に「生きる力」を育てる学習支援の在り方

結語

　「**教えてあげよう**」という教師主導の構えを捨てよう。教えようとする意気込みは、飲み込んで我慢する以外にない。そうして、自発性を引き出して取り組む意欲が生じるような「**場作り**」に精出そう。子どもの**心の中にある自信**を、それは微かなものであっても、絶対に見逃さず、それを大きく育ててやろう。

　近年の教育では、教えることはあっても、育てることは少なかったのではないか。この機会にもう一度、自分たちの子どもへの関わり方を反省して、子ども達が、胸を弾ませて登校し、**主体的に学習活動に参加する追求心、向上心**を育てようではないか。

1章 「生きる力」を育てる学習支援の意義

4　特別支援学級に多い教師中心型授業の実態

1）学習意欲の障害で生起しがちな授業スタイル

　教師は、知的障害児の学習意欲の障害を考慮に入れないで、授業だけを成功裡に終わらせようとしても無理である。教師が子どもの実態に合わない指導案を作成して、指導技術だけを頼りに行おうとしても、子どもが思うようには付いてきてくれない。通常児であれば、多少は教師の指導の仕方に合わせてくれる融通が利くので、可能であろうが、知的障害児では難しい。子どもが教師の期待どおりに活動してくれないとなると、当然、教師は指導の仕方を、修正せざるを得ないことになる。

　特別支援学級2学級と同程度の学力を有する通常学級の同数の子どもをピックアップして2グループに分けて、「教師中心の授業スタイル」と「子ども中心の授業スタイル」の2型を、2名の教師にお願いして、それぞれ同じ教材で両方のグループに授業をしてもらった。そうすると、**通常学級のグループ**ではその異なる授業スタイルを、子どもたちの方から教師の指導の仕方に合わせるように努力してくれるので、教師はスムーズに2つのスタイルを遂行することができた。

　他方、**特別支援学級**の方では、子どもたちが教師の仕方に合わせて学習態度を変えてくれないために、2つのスタイルの遂行が難しくなり、教師の方が子どもに合わせて指導の仕方を変更せざるを得なくなった。その結果、2つの授業の型が類似してきてしまったのである。

　さて、知的障害児に学習意欲の障害が認められるとすれば、それに対応して授業のスタイルはどのような型に変化するであろうか。具体的には、2で説明するが、「教師の指示に従って課題に取り組む」、「解決の仕方は見通しを立てないで取り組む」、「自分の能力を正しく評価できない」、「先行する作業にコントロールされる」等の障害の特徴は、授業の

37

第Ⅰ部　知的障害児に「生きる力」を育てる学習支援の在り方

スタイルにどのような影響を及ぼすであろうか。

　学習意欲の障害に即した授業スタイルで、日常、授業を継続して受けた場合、障害特性がますます定着して、強化される恐れはないだろうか。目前の差し迫った所定の指導内容を教え込まなければならない厳しい現実があるだけに、時間的余裕がないあまり、**学習意欲の障害**を強化し、定着させることになりはしないかと推察される。学習意欲の障害に安易に流される授業は、実際は、指導内容が充分に獲得されたかのようにみえても、長い目でみたら、「生きる力」として定着していなかったという羽目になりかねないのではなかろうか。

２）学習意欲と授業との関係を明らかにする調査の手続き

①授業スタイルの評定目録と調査の手続き

　観察した授業は、11学級であり、なるべく、子どもの活動が捉えやすい、生活単元学習、理科、図工、体育などに限った。学習意欲は、授業場面では「動機づけられた状態」と解される。動機づけの４機能（1章－２で説明）をもとに、教師が学習意欲を喚起する授業中の動機づけの**仕方を具体的行動次元**で整理してみると、表１のようになる。なお、この目標の評価にあたっては、**評定法**を用い、3段階の品等評定で評価することにした。評定の仕方は、3名のベテラン教師が協議して行った。

　代表となる評定得点は、3名の評定者中2名以上が一致した段階点である。例えば、表１の番号１について、「非常に」が2名「少し」が1名「ない」がゼロ名であったので「非常に」を代表とする。

1章 「生きる力」を育てる学習支援の意義

表1 教師の動機づけ方法の目録

番号	評定項目	機能区分
1	過去の経験の意識化がはかられているか。	初発
2	目標は子どもに生じたものか、教師が与えたものか。	志向
3	目標をつかませる度合はどうか。	志向・調整
4	計画は子ども自ら、立案するよう援助されたものか。教師の一方的な説明によるものか。	志向
5	教師の意図した計画の詳しさの水準はどうか。	調整
6	競争をあおるような言動があるか。	強化
7	賞賛と叱責は多いか。	強化
8	賞賛と叱責ではどちらが多いか。	強化
9	はじめの目標・計画の意識化が常になされているか。	志向・調整
10	失敗を教師が一方的に指摘するか。気づかせるようにするか。	調整
11	援助を求められたとき、直ぐに手助けをするか。	調整
12	部分行動の選択や順序を指示するか。	志向・調整
13	まとめの段階で開発意欲を高める言動があるか。	強化
14	新しい行動と関連づける情報を与えるか。	強化

②学習意欲の評定目録と調査の手続き

　子どもの側の学習意欲は、教師の動機づけ方法の調査に参加した11学級で、各学級、出席していたおおよそ5名が対象になる。表2に示されているように、やはり動機づけの4機能をもとに評定目録を作成する。こちらも3段階の品等評定で評価する。特に子どもの評定については、支援学級児全員を個別的に行う必要があるので、一人の子どもにつき3名で評定するとなると、例えばA支援学級で5名の子どもが出席しておれば、3名×5＝15名、即ち、15名の評定者が必要となる。これほど、多数の教師に参加してもらうことは実際上、不可能に近いので、一人の評定者がなるべく、2名の子どもについて決められた観点から、授業中の行動記録を取り、終了後、持ち寄って、お互いに報告し合いながら、3名で協議して、評定する方法で肩代わりさせる。代表となる評定得点

第Ⅰ部　知的障害児に「生きる力」を育てる学習支援の在り方

は、前述した授業の場合と同じである。

　代表となる評定得点は、3名の評定者中2名以上が一致した段階点である。例えば、表2の番号1について、「非常に」が2名「少し」が1名「ない」がゼロ名であったので「非常に」を代表とする。

表2　子どもの学習意欲の目録

番号	評定項目	機能区分
1	学習への期待はあるか。	初発
2	期待が学習への取り掛かりと結びついているか。	初発
3	学習の目標を理解しているか。	志向・調整
4	計画・立案ができているか。	調整
5	計画された手順がその後の活動と結びついているか。	調整
6	ぼんやりしていることがあるか。	志向・調整
7	手遊びやちょっかいがあるか。	志向・調整
8	教師との接触はあるか。	志向・調整
9	接触は教師対子どものどちらからか。	志向・調整
10	教師からの補助はあるか。	志向・調整
11	自分から進んで活動を選択したり、順序付けたりできるか。	志向・調整
12	思うようにいかないことが分かるか。	調整
13	（失敗に気づいたとき）補助を求めるか。	調整
14	仲間の言動にまどわされることがあるか。	調整
15	やりたい意欲は高まったか。	強化
16	新しい目標と計画はあるか。	強化

3）抽出された授業スタイルの型と誘発された学習意欲

①授業スタイルの3型

　表1に基づいて評定結果をまとめると、3種のスタイルが浮き彫りになった。

　教師中心型：授業を主になって進めていくのは教師であり、子どもはそれに従っているに過ぎない。目標や計画は教師が一方的に与える。失敗の指摘や求められた援助への手助けは教師が無雑作に行う。また、部

分行動は教師が先取りして指導する。

　子ども中心型：子ども中心に授業が進行する型である。教師は子どもが能動的に学習するように援助する。課題や計画も教師からは与えない。教師は子ども自身が課題を発見し、計画を立てるように間接的に働きかける。また、失敗は気づかせるようにするし、援助を求められたときの手助けもすぐにはしない。

　また、子どもが主体的に学習を進めるための努力、例えば、過去経験を想起させて学習意欲を高めさせる努力をする。以上の方法は当然、子どもを学習活動に駆り立てるための外発的な働きかけ、競争、賞賛、叱責を少なくすることになる。

　矛盾型：授業を主になって進めるのは教師である。これは教師中心型と類似している。しかし、他方、教師は子どもが主体的に学習に取り組むようになるための働きかけもする。この点は子ども中心型と類似している。この相容れない特徴を同時に兼ね備えているのが矛盾型である。この型には別に教師が、あらかじめ、綿密な計画を立てて授業に臨む特徴が認められる。

　集計の結果、３型の中で一番多くみられるスタイルが**矛盾型**である。11学級調べた中で、5学級が該当する。次は教師中心型で4学級である。子ども中心型は2学級である。以上から知的障害児の学習意欲の障害は、矛盾型、教師中心型の授業スタイルを誘発させると推論できよう。

②喚起された学習意欲

　表2について調査した結果をまとめると、次のようになる。

　教師中心型：学習の目標を理解している子どもが多い。計画を立てている子どもが多い。ぼんやり、手遊び、ちょっかいは少ない。失敗に気づいたとき援助を求めない。また、くり返し行いたい意欲が強い。

　子ども中心型：学習の目標を理解していない子どもが多い。計画は前もって立てていない。ぼんやり、手遊び、ちょっかいは多い、思うようにいかないことが自覚しにくい。やりたい意欲は高まっていない。

矛盾型：教師中心型と子ども中心型の中間に評定が散らばる。

以上の結果から教師中心型が一番、学習意欲の高い活動を誘発させていると言える。確かに、否定はできない。教師中心型は教師が一方的に指導内容を与え、方向づけ、引っぱっていくという型であるから、子どもたちは常に教師の指示を待ち望んでいるような受動的な学習態度を形成させそうである。

子ども中心型がもっとも、学習意欲を喚起するであろうと予想していたが、結果は、教師中心型であった。恐らく、日常、教師中心型で授業がなされているため、その現われが活発な学習活動となって現れたのではなかろうか。他方、筆者らが参観するということもあって、いつもと違う矛盾型や子ども中心型で授業がなされたグループは、戸惑いが生じ、それらの型に対応した本来の学習意欲が誘発されなかったとも考えられる。

4）授業スタイルを規定する他の要因

以上の考察には、指導内容の難易度、教師の本時に対する期待度、事前の計画立案などの要因が加味されて吟味されていない。これらの要因について、授業スタイルを中心に評定者と協議して得た結果をまとめると、表3のようになる。明らかに、各授業スタイルに応じて、対照的な違いが認められる。教師中心型はかなり難しい指導内容を綿密な計画にもとづいて指導しようとする。この型では、教師が子どもだけにまかせておいては、スムーズに進まないであろうと考えているので、ますます、主導的傾向に拍車をかけやすい。本研究で観察された子ども中心型は、教師が子どもにあまり期待しておらず、易しい指導内容を与えて、なるようにまかせておく傾向の強い型であるから、**「放任型」**に近いといった方が適切であろう。子どもたちが何をやってよいのか、目的意識が乏しく、失敗すらあまり気付くことができないのは、その証拠である。**矛盾型**は、子ども主体に授業を進めようとしながらも、取り扱う指導内容が難し過ぎ、教師の期待が高いこともあって、いつの間にか、教師中心

型に移行してしまった一貫性のない型である。

表3　授業のスタイルと授業の要因との関係

型 ＼ 要因	指導内容の困難度	教師の期待度	授業の計画・立案	教師の子どもに対する信頼感
教師中心型	難しい	高い	綿密	乏しい
子ども中心型	易しい	低い	なし	高い
矛盾型	やや難しい	やや高い	やや綿密	やや高い

2章
学習支援を阻害する行動特性

1 学習活動でつまずきやすい行動特性

1）一般的な行動特性

　先ず、顕著な特徴として挙げられるのは、「**抽象能力が劣弱である**」という点であろう。「抽象」とは、いくつかの事物や出来事について、その共通属性を認識することであり、裏返していえば、共通属性と関係のない不適切な属性を無視することを意味する。筆者の研究によると、知的障害児では、共通属性を抽出する際に、この無関係な属性が何らかの理由で妨害要因として働き、それをさせにくくしているという状態が認められる。

　例えば、図1について形に視点をしぼると、三角形のまとまりと四角形のまとまりという2グループに類別されるが、その際、知的障害児では、関係のない色の次元が気になって、それと形の次元が分離して認知されにくくなり、形だけ切り離して抽出することが難しくなる傾向がある。この特性か

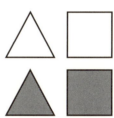

図1　2次元2価の図形
2次元というのは形と色のことで、2価というのは形が三角形と四角形、色が白と黒の2通りあるということである。

らみて抽象化を必要とする教材を与える際には、関係のない属性を雑然としたまま与えるのではなく、整理して、特に抽象能力が劣る低い子どもであれば、できるだけ、関係のない属性を目立たなく整理して、与えることが望ましい。具体物のまま与えるのでなく、絵図などに表して、抽出したい属性をわかりやすく、目立つように表現して与えるのも一案であろう。

　K.レヴィン（Lewin, K.）が紹介して以来、彼の弟子たちによって受

け継がれ、研究されてきた「硬さが強い」というのも授業の阻害要因となろう。「硬さ」は、授業では一つの課題場面から次の課題場面に移行しにくいという心的機制として、具体的には現れるであろう。例えば算数の授業から国語の授業へスムーズに移れないとか、加法から減法の計算へ発想を転換しにくいなどである。

H. ウェルナー（Werner, H.）、K.ゴールドシュタイン（Goldstein, K.）は、心的機制の面から研究しているが、彼らによると、硬さには2通りがあるという。1つは、異常な硬さ、**一次的硬さ**と呼ばれるものであり、脳損傷患者にみられる。一度、形成された態度を病的に変えようとしない仕方に特徴があり、もう1つは、通常児にも見られる硬さ、**二次的硬さ**と名付けられるもので、能力を超える難しい課題に直面した際に、1つの解決法にいつまでもこだわってしまい、なかなか解けない場合に現れる型である。

知的障害児の中には、脳損傷を有する子どももいるので、どちらの硬さに原因があるかは、各人によってまちまちであろうが、後者の硬さは、通常児に比べて、知的能力が低く、通常学級へ通級する時間帯が頻繁に取り入れられている特別支援学級であれば、常に、能力を超える課題に遭遇する危機場面が多いので、誘発される可能性が顕著になると考えられる。このような機会が度々重なると、いつかは1つの行動特性として固定化することになる。後者の硬さは、教師の接し方次第で形成されずにすむのであるから、授業の際に硬さの生じるような場面をできるだけ作らないよう、努力する必要があろう。

「短期記憶が劣る」ことも、1つの特徴として挙げられよう。「短期記憶」とは、教師の質問を覚えていて的確に返答するとか、教師の伝言を友だちに話すとか、トランプの神経衰弱で優れた成績をとるなどにみられる、ごく短時間、記憶している能力のことである。知的障害児は、一般に通常児に比べて短期記憶に劣るけれども、長期記憶については、ほとんど変わらないといわれる。従って、短期記憶を長期記憶へ結びつける工夫をすれば、多少とも、欠陥は解消されることになる。また、N.R.エ

リス（Ellis, N. R.）によると、ことばを結び付けて教えたところ、短期記憶の欠陥を補うのに非常に効果があったと述べている。短期記憶の劣弱性は、色々なやり方を工夫することにより、かなり解決できると思われる。繰り返し反復させて、それが無意識に想起されるまでに過剰学習されたならば、自然に長期記憶へと変わっていく。授業において、教師が質問して正しく答えられたからといって、その時点で一回きりで、「記憶された」と、判断するのではなく、その段階では、まだ定着していないのであり、次の時点では忘れ去られてしまう。

「機械的な模倣が頻発する」というのも特徴であろう。「模倣」とは、他児の行動を見て、その結果、類似した行動をしたときの状態をいう。このような模倣は、現象的に2通りに分けられる。1つは他児の行動をただ、機械的にまねるだけの行動であり、他児が行動を中止すると同時に停止する型である。もう1つは模倣することがその問題状況を洞察させることに結びつき、子ども自身の認知構造まで変えてしまうという模倣の型である。他児が中止しても、その後、同様の状況が続く限り、その行動は持続するのである。後者の模倣が、「生きる力」として、優れていることはいうまでもない。知的障害児の模倣は、概して前者の型であるために、せっかくの模倣が行動を変容させるまでの原動力となり得ないのである。

「学習意欲が乏しい」という特徴も授業を阻害する要因として挙げられよう。学習意欲は、授業の進め方を規定する重要な条件である。前述した諸特徴は特定の場面だけに限って阻害要因となるが、学習意欲は授業の全体にわたって常に影響を与えていく基底になる重要な要因である。この意味では授業と切っても切れない関係があり、あるかないかでは授業のスタイルも変わっていくのである。

２）学習場面で認められる学習意欲の現れ方

　受動的な学習態度が目立つ。自分から進んで学習しようとしない。常に教師の指示を待って課題に取り掛かる。1つの課題が終われば、次はどうしたらよいかを常に尋ねる。自信なげであり、やり方が分からない場合には、他児の仕方を見て真似る。

　与えられた課題や解決方法を十分に確認したり、分析しないで、作業に取り組む傾向がある。授業の初めに学習課題を与えると、一応、やろうという気持が起こり、燃えるのであるが、どうやるかについてはハッキリ確認していないために、途中で関係のない課題にそれてしまったり、作業を中断して、次にどうすればよいか、しつこく尋ねたりすることになる。それもくわしく手順を訊くのではなく、差し当たっての末梢的な課題の質問になる。課題に直面した際、やり方についての指図に注意を払うことが少なく、また、それを確認したり、更にくわしく知るための質問を通常児のようにしない。

　自分の**能力を自覚せず**、それを越えた目標をたやすく立ててしまう。造形学習で、うさぎを造る能力がない子が、他児が「うさぎを造る」といえば、すぐに"私もうさぎを造る"といってしまう。自分の能力を正しく認知してそれに見合った目標を立てることが難しい。このような態度は社会に生活していく上では不可欠であり、自分で解決できる課題かどうかを正しく認識できなければ、常に失敗感を味わい、不適応に陥るもとになる。

　作業が**ごく接近した活動にコントロール**される。表１の子どもたちに、あらかじめテーマを決めて作品を造らせたところ、表２に見られるように次から次へと変容した。

2章　学習支援を阻害する行動特性

表1　Ｆ小学校特別支援学級の子どもの実態

名前	IQ	CA	臨床類型・その他
Ý男	70	1 0 : 5	ダウン症
Ｎ子	60	1 2 : 4	
Ｍ子	80	9 : 5	
Ｔ男	53	8 : 4	ダウン症
Ｏ男	59	9 : 9	脳性マヒ
Ｓ子	66	7 : 4	先天性股関節脱臼
Ｉ子	50	9 : 8	脳性マヒ・右半身痙直マヒ
Ｋ男	52	1 3 : 4	テンカン
Ｏ子	43	9 : 0	脳炎後遺症

表2　造形学習におけるテーマの変容過程

名前	はじめのテーマ	テーマの変容過程 （途中で教師が聴取して記録）
Ý男	人をのせたへび	へび、ナメクジ、ライオン、ガラガラヘビ、赤ちゃんへび、おとうさんへび、きつね、ライオンがリンゴを食べている、ライオンがへびを食べようとしている。
Ｎ子	人をのせたへび	人をのせたへび、洞窟、クジラ、波、灯台、モーターボート
Ｍ子	人をのせた蛙	家の中の蛙、ロケット、潜水艦、ブタ、グローブ、ボール
Ｔ男	人をのせたうさぎ	うさぎ、にんじん、人をのせる、だんご
Ｏ男	人をのせた象	人をのせた象、おり、子ども象
Ｓ子	人をのせたうさぎ	うさぎ、象、ブタ、まんじゅう
Ｉ子	人をのせたかめ	かめ
Ｋ男	人をのせたワニ	人をのせたワニ、海、へび
Ｏ子	人をのせた象	象、山、木

　それはすぐ、前の行動や作品に直接的に影響を受けて次の行動が生起するからである。また、他児が造っているのを見て、自分のテーマをかんたんに変えてしまう場合もある。

第Ⅰ部　知的障害児に「生きる力」を育てる学習支援の在り方

　動機づけの機能について、1章-4で挙げた「調整的機能」とも関係するが、学習の途中でそれが正しいかどうか**フィードバック**して確めてみることがない。B.I.ピンスキーは、支援学校5年生の子どもに「おとうさんの年齢は息子の3倍、おじいさんの年齢はおとうさんの年齢の2倍、息子の年齢は15歳とすると、おじいさんは何歳になるか」という問題を与えたところ、2×3＝6、おじいさんの年齢は6歳と答えた事例を紹介している。おじいさんが6歳ということは絶対にあり得ないのである。従って、通常児であれば、その結果を疑ってみることになろう。知的障害児は、その結果に対して無批判的で疑おうとしない、絵画制作をさせると、まだ十分ではないのに、いくら足りないところを指摘しても"できたから、別な紙を下さい"とか、"外へ出て遊んでもいいですか"などと言って更に推こう・修正しようとしない。これなどもフィードバックしない欠陥に通ずるものである。授業で習得された知識や技能を**生活場面で活用**しようとしない。授業場面は、学習場面であって、生活場面とは別の世界であるという認識である。そのために定着しにくく、容易に忘れ去られてしまう。

2章　学習支援を阻害する行動特性

2　課題解決能力からみた行動特性

1）課題解決能力は学習の所産

　障害の子について、課題解決能力の遅れの原因を子どもだけに求めることはできない。教師は、原因を子どもの側だけに求め、責任を押し付けがちになるが、反省しなければならない。課題解決能力の遅れは、教師にもおおいに責任がある。

　このことに関する1事例を挙げよう。脳膜炎の既往症がある小学校1年生女児について、担任は、学習の遅れがちな女児を何とか他の子どもと同じように、伸ばしたい気持ちから、あらゆる機会に学習を強制した。女児は宿題もよく忘れてくるので居残りさせられたり、座席を一番前列にして、多少、多めに指名されたりした。このような取り扱いの結果であろう。3学期頃には何事も自分から進んでは行えず、担任の顔色をうかがい、質問に答えられないと、泣くようにさえなり、学校をいやがり、欠席しがちになった。2年生になって、担任が交代する。新しい担任は、特別視せず、他の児童と同じように意識しないで取り扱った。2学期頃から学習態度が目立って明るくなり、学習へ積極的に参加するようにさえ、なった。学習成績が上がったか、どうかについては、把握していないが、おそらく、学習に対する構えの変化が成績に良い影響を与えたであろうことに疑いはないであろう。

　この1学年担任のように、子どもを伸ばすことに意欲的に取り組んでいても、その仕方が適切でなければマイナスになることさえ生じる。このように子どもが伸びたり、遅れたりするのは、教師の指導の仕方ともおおいに関係があると言えるであろう。

　さて、**課題解決能力**は、生来的な素質に、生活環境や育て方などが相乗されて、発達していくと考えられる。生来的な固有の素質だけで決定

53

第Ⅰ部 知的障害児に「生きる力」を育てる学習支援の在り方

されると決めつけるのは、早計である。どのような環境下で育ったか、どのような育て方がなされたかによっても左右される。一般に、「知的障害児は、抽象的思考能力が劣る」と言われるが、それは固有の素質に物的・人的環境が関わって形成された状態像に対して、述べられた特徴であろう。しかし、注意したいのは、「**劣る**」という用語は、「ない」という意味ではなく、「**いくらか存在する**」ということである。その「いくらか」の能力を探し出し、積極的に育てていく仕方を考えていく**発想の転換**が重要であろう。ロシヤの心理学者であり、生理学者である**ヴィゴツキー（Vygotsky,L.S.）**は、「知的障害児でも抽象的思考の何がしかの可能性をおおいに教育に利用すべきであり、それが抽象的思考を育てることになる」と強調している。

　以上のように、課題解決能力は、教育の仕方で、促進させることができると捉えるならば、これから我々が取り組まなければならないのは、指導しようとしている子どもについて、過去の教育の仕方の問題点を洗い出し、反省し、その上に立って、望ましい在り方を見出すことであろう。現今、このような研究が教育実践の場でクローズアップされてきている。

　従来から、遺伝で説明された色々な特性が、発達の途上で多様な外的要因の影響を受けて変容するという研究結果が報告されてきた。恒常であると言われた知能でさえ、成長の過程で環境の如何によって、変わるといわれる。同様に課題解決能力も、教育の有り方次第で変わると推察される。従って、障害児の課題解決能力を捉える際には、現在の状態は、どのような形成過程を経たものかを分析する必要があろう。また、どのような教育が与えられたときに、より高いレベルへ発達するかの予想を立てる必要があろう。確かに、課題解決能力は、時々刻々変化していく発達の連続の中で捉えなければならないが、それを学習活動の場で捉えるならば、発達を阻害しているマイナスの要因が子ども自身にも存在することは否めないが、学習環境との相乗作用として形成されたものであり、そのような見地から分析する必要があろう。

2章　学習支援を阻害する行動特性

2）課題解決能力の特性

①課題の意識化

　ニュートンは、リンゴが落ちるのを見て、万有引力の法則を発見したといわれる。リンゴが落ちるのを見て、「何故だろう」と考えたのである。我々では、リンゴが落ちるのは、疑問の対象とはならない当たり前のことである。この当たり前のことが課題になる。発見はこのような発端で始まることが多い。**課題に気付くこと**は、当たり前のことが当たり前に見えなくなって、何故かと考え始めることである。この場合でも、知識や経験を総合すると、簡単に理由が分かるときには、課題にならない。どうしても理由が掴めないときに緊張感を伴った課題意識が生ずる。

　教育の場では、一般に教師から問題が投げかけられることが多い。しかし、それがどの程度、個人の主体的課題に結びつくかは、非常に巾がある。とにかく、学習活動のはじめに、これから学ぼうとすることがどの程度、個人の課題になってくるかは、その後に主体的な展開ができるか、できないかに関係していくので重要である。特に課題解決を主とした学習では重要であろう。

　「**動機づけ**」の語源をたどると、「かりたてる」という意味と同時に、「方向づける」という意味がある。「**方向づける**」とは、課題の所在を明確にさせて、その後の学習の方向づけを行うことである。また、「**かりたてる**」とは、その方向づけられた意識を行動に結びつける「力」を与えることである。学習活動の初期段階に、この２つの条件が十分に達成されていると、続く展開の活動がスムーズに進展する。しかし、障害児は、先ず、この「**方向づけ**」がなかなか、できないのである。問題が自分の「課題」となり得ない。当たり前の事象を疑問視して、課題にまで高めようとしないので、意識化が難しい。視聴覚教具を用いたり、作業を通したり、具体的に説明したりして、意識化に努めても、さて、何が課題であったか、本時の目当ては何かと尋ねてみると、言葉の上では、

55

第Ⅰ部　知的障害児に「生きる力」を育てる学習支援の在り方

正しく応答できても、次の展開の活動で、自分の課題として、掴んでいない場合が多い。とにかく、何とかして課題を分からせても、それを機械的に憶えただけに過ぎないのであって、「**かりたてること**」、即ち、次の追求活動へのエネルギーとは有機的に結び付かないのである。教師が一方的に教え、与えた課題は、知的レベルの記憶であって、解決しようとする意欲には結びつきにくいのは当然であろう。

　通常児では、教師が意図的に仕掛けなくても、当たり前のことを課題として考えることに積極的である。そして、課題は何かを自発的に追求し、方向づけをする。教師の与えた問題でも容易に自分の課題にできる。自分で解決しなければならないという課題意識が生ずると、そのこと自体が**高い緊張感**を伴い、解決しようと努力する力になる。更に、**緊張状態は、課題解決達成**まで持続する。単元や本時の問題を学習活動の当初に十分、意識化させることは、その後の展開段階の活動が可能になるか、どうかの決め手になるので、学習活動の成立に不可欠の条件である。従って、教師は課題を気付かせる努力と、それを各人がどのようなレベルで、気づくことができたかを知ることが、学習の当初の大切な仕事になる。課題の意識化が次の活動へ効果的に結びつかない障害児の取り扱いは、繰り返し、繰り返し、学習の途中で課題は何であったかを、板書したりして、気づかせるようにする。

②解決の方略（計画・立案）

　さて、学習すべき目当てがはっきりしてくると、次にはどのようにして、課題に取り組み、解決していくかということになる。**課題解決学習時の態度**を観察すると、対照的な２通りの違いが目立つ。即ち、結果の発表が十分、自信が持てるようになるまで、あらゆる可能性を頭の中で試す子と、１つの考えが浮かぶと、すぐ、意見を求め、それが間違っていると、また、少し考えて求める、そのような繰り返しの過程で正しい解決法を見出していく子である。前者の子は、一言ひとことの**教師の発言や資料**を大切にして、それを課題解決に有効に役立てる。後者の子は、

56

あまり、情報を大切にしないで、**たくさんの発言や資料**を要求する。どちらの型が良いかは一概に言えない。とにかく、要は、短時間で手際よく解決ができさえすれば、それで良いのである。通常児、障害児にどちらの型が多いかは、筆者が調査したところ、知能に関する限り、全く関係がなかった。

　方略の過程について、通常児と障害児に差異が認められるのは、以下の４事項である①**教師の発言や資料、それから、知識、経験などの情報**をどの程度、課題に**有効に関係づけられるか**という点の差異である。いかに有効な発言や資料であっても、課題解決に利用することができなかったとしたら、何にもならないのである。障害児はその関係づけがうまくいかない。②**解決の過程で、前段階の失敗を如何に有効に次段階の解決の仕方**に結びつけられるかという差異である。障害児は何回失敗しても、それが次の解決方法へ活かすことができない。いつまでも、その失敗段階に留まっている。従って、解決への成功感が生じない。この欠陥に関しては、教師は失敗が十分に生かせるようなヒントを意図的に与えてやらなければいけない。他方、通常児では、仮設を立てて、課題解決へ望む傾向が多い。それが否定されたら、次にはどのような仮説を立てたら良いか、はじめの仮設との関わり合いで考えることになる。

　ブルーナー（Bruner,J.S.）は、概念達成には**２つの対照的な方略法・解決の仕方**があるという。即ち、始めの正カードの全属性を正概念と仮定して、以後の正属性を決めていく**焦点方略**と、はじめの正カードの**特定の属性**だけを正概念として、以後の正属性を選択していく**走査方略**とを認めている。これは仮設の立て方の過程を述べたものである。また、前段階の失敗を生かしていく度合にも、仮設の立て方の綿密さとか、失敗の分析の深さとか、度重なる失敗をどの程度、憶えているかなどによって、色々な段階が考えられる。③**前段階で立てた解き方が間違っていた場合、**どの程度、もっと有効と思われる新しい解き方に切り替えられるかという点の違いである。例えば、平行四辺形の面積は「底辺×高さ」といった矩形の面積を求めればよいというのを証明するのに、いつまで

も平行四辺形のままの形にこだわっていては解決できない。どこかでこの形を三角形と梯形に分解することが必要なのである。切り替えにくくする原因には、個人にとって、課題が非常に難しい場合、緊張しているときなどが挙げられる。

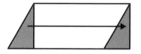

図1　平行四辺形の面積

　ゴールドシュタイン（Goldstein, K.）によると、障害児は、解くことができそうもない難しい問題が与えられると、「**硬さ**」が生起し、始めの解き方を再三、繰り返したりして、新しい解き方に切り替えが出来なくなるという。これを**二次的障害**として、障害児の特徴とした。一般に、我々でも難しい課題に遭遇すると、いつまでも初めの解き方から一歩も抜けきれないような硬さを体験する。その意味では、**硬さは課題の難しさ**と関係が深い。障害児は、通常の子では易しい課題でも、難しいと考えられるので、切り替えができにくく、それがまた、逆に解決を遅らせることに結びつく。④**課題が非常に難しく、どうしても解決することができない場合**、どの程度、粘り強く課題に取り組むかである。難しい数学の応用問題が与えられたとする。はじめはあらゆる仕方で、問題を解こうと試みるであろう。しかし、どうしても解けないような事態に至ると、おおまかに2つの型に分かれるようである。いつまでも解決しようと努力する構えを捨てず、なおもまだ、新しい解法を考え出して試みる型、すぐに断念して解くことを放棄してしまうか、何か代わりの問題を解く型である。障害児は、前述したように、課題の意識化が十分に出来なかったことや、緊張の低さにも原因するであろうが、すぐ、断念するか、直接の問題と関係のない**代償的問題**にすり替えて、それを解くことで満足する行為が認められる。例えば、2桁の掛け算の問題を与えると、それを足し算として計算することなどである。

3）情報の役立て方

①情報の活用が困難

　教師の発言や知識・経験を課題解決に生かす情報の処理の仕方は、課題解決能力の特徴を捉える上で、非常に重要である。学習中に、教師は、どのような内容の発言をするかについて、如何に慎重であっても、過ぎることはない。直ぐに答えやヒントを与える教師、自分の考えを押し付ける教師、説明の多過ぎる教師がいる。一般に、発言に関しては、十分に注意しないで、与えている教師が多いようである。たった一言のヒントでも学習活動が全く変わる場合さえあることを銘記しなければいけない。

　さて、教師の発言を受け取る子どもの側では、その**受け取り方**に千差万別がある。①聞き流すとか、あいまいに聞く子がいる。②一言ももらさず、入念に聴取する子がいる。発言を用いて**課題と関連づける**ことになると、益々、個人差が大きい。①全然結び付けられない子、いくつかのヒントが含まれている発言であるのに、その中の1つしか役立てられない子がいる。②含まれているヒントをすべて、役立てられる子がいる。それぞれの①項は、一般に障害児であり、②項は、通常児である。しかし、通常児でも不用意に与えられた発言は、障害児と同じように、役立てられないことが多い。従って、教師には、いくつかのヒントが含まれた言葉とか、それがどの子ではどの程度役立つであろうかを予め、予想を立てた上で**意図的に発言する**ほどの慎重さが欲しい。

　教師が与える情報ではなく、子ども自身で読み取る情報については、障害児は、**よく馴染んでいる言葉**を見出すと、それを文章全体との関連で捉えないで、ただ、その言葉についての今までの経験から単純に分かろうとして、文章全体を間違えて解することが多い。**クジミツカヤ**の報告例によって説明すると、ある障害児は、「15束の苗を1列に5束ずつ植えました。何列になったでしょう」という問題について、15×5＝75と掛け算をして解いた。それは、以前、「ずつ」という言葉が掛け算に使

第Ⅰ部　知的障害児に「生きる力」を育てる学習支援の在り方

われているような問題を解いたことがあったからであるという。障害児は文字を読むのが苦手である。従って、所どころ読んで全体を推し量ろうとすることが多い。算数の文章題ができないのは、一つにはそこにも原因がありそうである。

　知識や経験は、日常生活で如何に生かされているのだろうか。**グリッフィス、スピッツ、リップマン**（1959）は、例えば、ゾウ、山、クジラから、「大きい」と言わせる方法で、3語から成る単語群について、共通の特徴を発見させるのに、果たして、いくつの単語が、容認されるような抽象の言葉で定義されねばならないかを調べている。結果は、平均年齢が17歳2か月で、**平均IQが66の障害者**では、少なくとも**2つが定義**されなければ、正しい共通特徴を見出すことが難しかった。それに対して、**平均年齢9歳の通常児**では、**1語だけが定義**できると可能であったのである。

　また、**グリッフィス**（1960）は、同様の方法で3語と6語について、65以下と66以上の障害児を比較している。結果は、**65以下群**では、どちらの群とも**3分の2**ができなければ、共通特徴を述べることが困難であったのに、**66以上群**は、どちらの語群とも**1語だけ**ができれば、可能であった。同じ量の知識とか経験でも、課題解決にどの程度役立つかは、通常児と障害児では、以上のように違う。従って、障害児では、多くの情報を用意し、一度に課題との関わり合いを求めるのではなく、**ステップを踏んで**、少しずつ増加させて、気付かせるようにすることが必要である。

②応用能力

　前述したグリッフィスらの研究にも関連するが、障害児では獲得した知識や経験について、なかなか、**一般化が難しい**。それに対して、通常児は、多種多様な問題へ応用できる。ある中学校の支援学級で、「かけ算九九」を教えた。1生徒は、すらすらと目を閉じて唱えられるまでになった。しかし、「鉛筆を一人3本ずつ、3人に与えたら、全部で何本になるか」と問えば、指を使って一生懸命、数えるのである。この教師は、

かけ算九九を何とか生活に結びつけられる能力にしようと、毎日毎日、おはじきを使用したりして、指導した結果がそうである。おはじきと鉛筆とでは、事物として、同じと捉えられないのであろう。抽象化して捉えることが難しく、応用能力として進展しない。

　生活の場で活かせるようになるためには、指導内容を巾広く、具体的レベルで反復して教えることが望まれる。かけ算九九を指導しながら、それをお金の計算に応用してみるとか、鉛筆の束で計算してみるなどである。巾広く、色々な素材で反復練習させることにより、記憶の度合が深まり、一般化して、生活に役立つようになると、理想的である。単に、「かけ算ができる」といったペーパーの上での形式的な能力だけでは、結局、何も分からなかったということになりかねない。

③情緒のコントロール

　絶対に間違うと困るような**危機場面**では、誰しも緊張してしまって、正しい考えは浮かばないものである。「この程度の問題が出来ないのか」と教師から叱られながら、回答を求められて緊張して考えるとき、グループ対抗の競争場面で、自分が間違うと、所属グループが負けになり、仲間から突き上げられそうな状況下で考えるとき、最良の考え方はどうしてもできないのである。通常の子では、簡単に課題が解けるため、このような危機場面に遭遇することは少ない。しかし、障害児では、話が違ってくる。常にこのような緊張場面に置かれていると考えてよい。前述、１節で紹介した女児のように、教師の顔色を窺い、友だちの言動を気にしながら、考えるようになる。積極的に自信に満ちて、考えることが出来なくなるのである。

　リップマンとグリッフィス（1960）は、障害児に**顕在性不安尺度**（**CMAS**）と言語による抽象テストを施行して、関係を明らかにしている。結果は、不安が大きければ大きいほど、抽象テストは出来なかった。

　個別学習では、**学び方のスピード**が遅くても、その個人に合わせた速さで授業が進められるので、無理なく、力が発揮できる。しかし、通常

第Ⅰ部　知的障害児に「生きる力」を育てる学習支援の在り方

学級などの集団に入って行う一斉授業となると、障害児は、共通した学習内容と活動の流れに付いていかなければならないので、難しく、不安感が常に伴うことになる。従って、常時、学習は中途半端に終わることになり、益々、学力の差がつき、自信のない、劣等感が形成されてしまう。教師はこのような障害児がいる場合には、個人差を配慮した**授業スタイルを工夫**して、全員が満足できるよう、気配りをする必要があろう。

2章　学習支援を阻害する行動特性

3　息が合う子ども理解の進め方

1）子どもの心を引き付ける

①共感的理解で接しよう

　障害児と対面すると、否応なしに見えてくる、目立った特徴がある。言葉がない、落ち着きがない、失禁する等である。そこでその特徴を更に詳しく分析してみよう。言葉については、どの程度の遅れがあるのか、相手の話がよく理解できるのか、詳細に観察したりしてみる。また、常時、落ち着きがないのか、生まれてこの方、失禁が続いているのか等々、両親や関係者から聴取したり、発達段階表で評定したりする。

　もう一つ、大切な視点は、**子どもの立場に立って、障害状況を捉え直してみる**ことである。もし、自分が障害者本人だとしたら、どのように困るだろうか。少しでも子どもの側に立って理解できたら、教師自身の触れ合う態度が変わるだろうし、それを察知した子どもも、心を開いてくれるようになると思う。

②次に、接し方の手順を探そう。

　顕現した特徴の問題点を捉える段階で、通常児であれば、言葉が自由に使えるので、どのような仕方で接するのが望ましいのか、把握できるであろうが、障害児では、あらゆるコミュニケーション手段を駆使して、行動を観察したりして、更に、一歩も二歩も、踏み込まなければ、的確に指導できる方針が定まらないであろう。その際、教師が主導的に問い質すような仕方を探すのではなく、子どもが自発的に取り組むのを援助する手立てが掴めるように努力しよう。最初は、子どもに取り組む意欲が認められなくても、教師の援助により、時間を重ねる内、次第に自発的に努力してくれるようになるものである。従って、**意欲的になる場づ**

63

第Ⅰ部　知的障害児に「生きる力」を育てる学習支援の在り方

くりが当初の課題となる。

　具体的には、障害がある子どもの側に立って、生活している家庭、学校、社会の人間関係の中に教師自身を置いてみるのである。言葉がなく、友達に伝えられないために、虐められていること、勉強が全く、分からないのに、我慢して、席についていなければならず、どうしても注意散漫になってしまうこと、このような苦しみを自分自身の問題として、受け入れてみる。そうすると、他人事でない、本気で取り組まなければならない気持ちにまで動機づけられる。その結果、次第に、子どもへの接し方が変化していき、子ども自身も教師に心を開いてくれるようになるのである。

　発達するのは、子ども自身であることはいうまでもない。どのような環境下におくと、自発的に伸びたいという意欲を発揮するようになるのか考えよう。教師が指導性を発揮し過ぎた余り、せっかく目覚めていた意欲が消失することになりかねない。教師は、子どもが自発的に伸びようとする力を援助する裏方に徹しなければならない。臨床医が、「病気を知る」というのは、疾病を診断して、的確な治療方法や服用させる薬が分かることである。教師が「心を知る」というのは、子どもの気持を共感し、理解して、適切な解決の方法を見出すことである。

2）子どもの心が離れていく

①教師自身が分かろうとする心を閉ざしている

　子どもの心情を無視して、**教師の指導性が強すぎる場合**である。A児は５歳で、一人っ子である。保育所、年中組に所属。両親は共働きしている。そのため、祖父が養育に当たり、溺愛している。障害状況は、言葉なし、他児と関わろうとしない。音に異常反応、微かな音でも神経質に反応し、即座に耳を両手で押さえる。トイレに入れない。保護者から求められた問題は、「**食べ物の好き嫌い**」についてである。給食に出された"コンニャク、豆腐、玉子の白身"が、どうしても食べられない。

保母は、それを認めてしまうと、甘やかすことに結びつくと考えて、**無理強い**してでも、食べさせることに拘る。

　勿論、みじん切りにするとか、気付かれないように好きなものに混ぜるなど工夫はしているが、それでも敏感に感じ取って食べない。数週間して、遂に喉にものが刺さって、咳き込むような発声を頻発するようになった。保母は、それでも改めないで、強制したのである。子どもの異常反応は、増々、増大し、給食時間以外の時でも、常時、咳き込む発声が頻発するようになった。つまり、**"チック"(tic) の症状**であろうが、「止めて欲しい」という心の叫びではないだろうか。その内、A児は、給食を拒否するようになり、保育所にいる間は、何も口にしないようになったのである。祖父の話では、その当時も帰宅してから、スナック菓子をたくさん、食べていたそうである。

　筆者は、保母に方針を変更するよう、警告した。その後、保母は反省し、先ず、保育所でも大好きなスナック菓子が食べられることを認め、徐々に給食の時間に好きな食品だけでも食べることまで広げていく方針に切り替えた。他方、家庭では、食事の際に嫌いであった食品を少しずつ食卓におき、家族が「おいしい」と食べてみせ、本児から選択するように仕向けている。

②教師が先入観をもってみる

　B子は、5年生、特別支援学級在籍児である。障害状況は、軽度の知的障害があり、多語文での会話が可能、身辺処理は自立している。問題は、「見知らない人の面前では**緊張して口がきけなくなってしまう**」ことと、学校では、常に「指示待ち行動」である点である。もう一つは、教師によると、母親が、学校の教育に非協力的であり、宿題はしてこない、連絡帳に応えてくれないなどで困っていると訴えていた。以上を踏まえて、筆者は、母親の養育態度に問題があり、そのため、学校で異常行動が生起しているのではないだろうかと類推した。先ず、**親子関係診断テスト**を母親に、同じテストを担任教師にも、「母親について、どう思うか」

第Ⅰ部　知的障害児に「生きる力」を育てる学習支援の在り方

他者評定であるが、評定していただいた。

　結果：母親の評定は、溺愛傾向が多少、他は安全地帯・問題なし。担任の評定は、期待、溺愛が多少。厳格、非難、不満、干渉が危険地帯であった。どちらが正しいのか、**余りに親と担任との間に、不一致が多過ぎる**ので、判断に困った。そこで、筆者は、B子と母親に面談して調べることにした。初対面の段階では、本児がトランポリンで遊んでいる場面を母親と一緒に観察した。本児は、時々、母親の方を見ながら、いつまでも楽しそうに得意な技を披露したりして、遊んでいた。母親は、何も言わないで、時々、視線を合わせて、うなずきながら、見つめていた。親子の関係は、親和的であり、教師が、感じているように、悪いとは思わなかった。その後、母親と、担任抜きで懇談した。母親は、「私が教育に非協力的であり、子育てにも問題があると担任は誤解している」と不満を訴えていた。母親は、**担任に心を開いていない。**

　恐らく、担任もまた、母親に対して、心を閉ざしており、誤解して捉えているように思う。先ず、教師と母親間の不信感を排除する問題を解決しなければ、B子の問題行動は、治らないであろうと考えた。指示待ち行動は家庭ではない。心配はしていないと母親はいう。学校だけで認められるのであろうか。家庭以外だったら、戸外でも生じるのか、詳しく調べる必要があろう。本症例は、学校の都合で、残念ながら、解決をしないまま、終了した。

③指導の手順が分からない

　筆者の苦い経験を紹介しよう。C子４歳、３人兄弟の末っ子、上２人は男子。C子は**偶発衝動動作**に支配されており、一時もじっとしておれない。前傾姿勢で走り回っている。そこで、特定の玩具で、寸時でも集中して遊べるように、「**目的指向的な行動様式**」の形成を目標にして、指導に取り組むことにした。自宅に電話をすると、いつもC子が出て、しばらく、雑音がして途切れていたので、母親に尋ねると、いつも先に取り、困っている。そこで、ボタンを押すと、ことばで応ずる“**プッシュ**

式"のお話電話を与えたところ、喜んで遊んでいるとのことであった。筆者らは、ボタンをまわすと、応ずる**"ダイヤル式"に改良した装置**を用いることにした。プレイルームに、改良型を2台、少し離してセットした。仮に、C子が近づいて、家庭にあるプッシュ式と勘違いして、ボタンを押そうとしたら、同時に、セラピストが片方を大きな動作で、ボタンを回してみせる演技をしてみせ、模倣するように誘う。何回も繰り返している内、プレイルームでは、ダイヤル式の仕方が定着するであろうという目論みであった。ところが、約1か月間、毎週2日、来所をお願いして、声かけしたり、本物の電話の鈴を聞かせたりして、近づいて、触れるよう、誘ったが、C子は、頑なに無視して、近づこうとさえしなかった。その間も相変わらず、家庭では、お話電話に集中して遊んでいたし、電話の鈴が鳴ると、受話器を取るだけではあったが、反応していたようである。改良型を手に取って、扱ってくれないことには、学習は成立しない。この計画は失敗に終わったのである。

　その後、関係した教員一同で話し合った。「家庭に持ち込んで行ってみたら、どうであったろうか。同じお話電話でも、プレイルームと家庭にあるのとでは、C子にとっては、**異なる意味合い**を持つのであろう。我々は、同じお話電話であれば、どこにあっても同じであろうと勘違いしたのであるが、そうではない。C子の心を間違って捉えていたことに気付いたのである。

3）子どもと教師との息が合う

①徹底的に付き合う

　D男、6歳、特別支援学級1年生。障害状況：2歳頃までは順調に育っていたが、30語あった理解言語が1週間で無くなる。名前を呼んでも、無視して好きな方向に歩いていってしまう。病院では、**自閉症児、興味局限児**と診断。満4歳のとき、週刊誌に興味を持ち、ペラペラ捲り、ヒラヒラさせて、ジット見入っている行動が頻発するようになった。

第Ⅰ部　知的障害児に「生きる力」を育てる学習支援の在り方

〈紙破り行動の発生〉

　4月　小学校入学して、第1日目：教室を出て、講堂、薄暗い倉庫で、紙片をヒラヒラ、週刊誌を持っていくと、何枚か束ねて、一気に引き裂く。2日目から、相談室が目的地、10日間、紙破りが続く。教師もリズムに合わせて、一緒に破ってみる。遂に10日目に担任はバテル。そこで、11日目に、紙破りを中断し、裁断機にかけ、部屋一杯に散らかった紙片を教師は、「雪やこんこん」と歌いながら放り挙げる。D男は頭にかかるのを、振り落としながら、黙々と紙破りを続けている。

〈指導計画と結果〉

　以上の結果を踏まえて、教師は、紙破り行動をやめさせる計画を立案する。本校には、年齢に応じて、低、中、高学年の特別支援学級3クラスがあり、D男は、低学年クラスに所属している。他児が国語や算数の学習をしている時間だけ、紙破りを認めるようにした。以下の各ステップは、凡そ、1週間間隔で、大体、出来るようになったら、次のステップに移るようにした。以下がステップと経過である。●Step1　好きなだけ破らせる。●Step2　破った紙片をゴミ箱の中に入れる。●Step3自分の席で破らせる——ゴミ箱を持ってくる。●Step4　紙片を台紙に貼る。●Step5　5月下旬から色紙を選んで千切る。5月後半には、殆ど、しなくなった。後で聞いた話であるが、3年生に進級して、クラス編成や担任が変わったところ、再び、始めるようになったそうである。

〈背負われ行動が発生〉

　その内、飽きたのか、立ち上がって教師の背中に行く。担任以外の教師の背中には、行かない。担任と他の教師とは見極めているようである。1か月経過すると、2つの行動パターンが定着してきた。**1つは**、学校に登校→教室に入る→鞄を机に置く→相談室に入る→紙破りをする→背中→体育館→ピアノ→相談室→給食→下校の日課のパターンであり、担任に求めるピアノ弾く時間が長くなっていった。**もう1つは**、背負われて、担任の側頭部を突いて、意思を示す行動パターンである。右に曲がる場合は左側頭部を、後頭部は直進するというようにサインの役割を果

2章　学習支援を阻害する行動特性

たしている。6月下旬、国道筋を2km移動、その間合図なし→右側頭部を押す、「たこ焼き屋」で降りる。しばらくは、このパターンを拘る。そこでD男が突く前に、教師はわき目も振らず、全速力で駆け抜ける。キャッキャッと喜んでいる間に、通り越して次の曲がり角をまがる。あっさりと、たこ焼き屋を忘れてしまった。

②魅力ある場作り

　E子は、小学校5年生で、両親と姉（中1）妹（小4）の4人家族である。5年生から、新担任に代わる。問題状況は、不登校であり、欠席日数1年4日間、2年11日間、3年13日間、4年13日間である。担任は、**指導方針**として、1つ目はE子と両親とに打ち解けられるように、**受容的態度**で接すること、二つ目は、**友達関係を強くする**ように、親しいK子、O子との触れ合いを中心に、班編成を工夫した。

　経過：新学期当初の4月6日は、腹痛（親から連絡）のため、欠席。夕方、家庭訪問、「先生が、担任になったからね。月曜日、待っているよ」。8日（月）：母に連れられて、泣きながら**情緒教室**まで登校、始業時間前、Kさん、Oさんと遊ぶ。9時頃、担任が「おはよう、学校へ来てくれて嬉しいよ」と声をかける。9日（火）：母と一緒、情緒教室へ、2校時、教室のKさんの隣の席へ誘う。

　その後の4月中の経過：音楽室への移動、緊張して入れない。Kさんと一番後ろの席に腰かける。本読み、順番が回ってくると、泣きだす。"無理だったら、読まなくて、良いんだよ"。しかし、それでも気になるらしい。それ以後、同じ班の子どもが、飛ばして読んだり、代わりに読んでやったりする。

　給食：4月半ば、給食が始まる。掃除の時間ぎりぎりまで食べている。頑張ったことを無視して、誉めなかった。次の日から食べられない。その後、情緒教室にて食べる。5月から教室で食べることを約束する。しかし、その時間になると、階段で蹲って動かない。"明日からは、絶対に教室で食べようね"。Kさんと二人、情緒教室で食べる。次の日は、

69

初めから教室で配膳して食べられる。不安な**気持ちを先取り**して少しずつ、新しい課題に慣れさせる状況工作に心掛けている。

③コミュニケーション関係の成立

　F君、小学１年生、６歳、通常学級に在籍。両親、本児、妹（３歳）の４人家族。

　障害状況：思い通りにならないと、友達をかむ、ひっかく、自分の顔、頬をたたくなど**他害、自傷あり、裸足を好む**。排泄、"おしっこに、行こう"と呼びかけして、手を引いてもらって行く。言葉は、"牛乳のんで""だめ"など、簡単な指示語が、理解できる程度。

　授業風景「量比べ」：真ん中の列の前から２番目、女の子の隣に腰かけている。痩せている。手をくわえたり、左手人差し指を曲げて右掌と打ち合わせたり、拍手をしたりしている。身体を後ろ向きにして膝をかかえて腰かけている。時々、顔をニコッと顰める。チックようである。隣席の女の子は、相手にしない。F君の筆入れ、ノートが女児の机の上へ移動、気付かれないようにF君の側にずらす。緊張関係が感じられない。"アイヤ、アイヤ"、"ウーウー"、声が大きい。机をカタカタ、いわせる。教師の説明する言葉が聞き取れない。水筒に水を入れに行く。教師が手を引いていく。水筒を持っていない。取りに返る。水を入れてやる。手を引いて返る。水を飲む。前列の子どもが"Fちゃん、飲んだ"という。隣席の女の子は、知らんふり、厳しい子、世話をやきたがる子がいて、丁度、バランスが取れている。**隣の女の子が発表**。一緒に立つ。終わると腰かける。40分位過ぎて、急に泣き出す。両手で頬を繰り返し叩く**自傷**。抱っこしたがる。教師がオンブしている。静かになった。つまり、**隣の女の子は、Fちゃんの心が分かっている**。**担任も接し方が分かっている**。

結語

　子どもの「こころ」が分かるということは、指導の効果が期待通りに挙がったとき、「正しかった」ということが確認できる。効果が挙がらないとき、潔く断念して反省して、再度、挑戦しよう。常に、**澄んだ眼差し**で、子どもの身になって、理解しよう。そうすると、子どもは「こころ」を開いて、意欲的に、取り組むようになる。

3章
一人ひとりの実態や特性に即した教育課程

3章　一人ひとりの実態や特性に即した教育課程

1　教科・領域を合わせた指導形態

1）教育課程の二重構造

①義務制の発足当初

　1979年、知的障害特別支援（養護）学校教育の義務制が学校教育法に告示された。その前後の期間、10年間には、教育課程を改正する法令が次々と制定されて、教育現場は混乱した時代であった。　当時、筆者は、創立、間もない**国立特別支援教育総合研究所（旧名：国立特殊教育総合研究所）**に勤務、6年間を経て、広島大学に転任した時代であり、その半ばに義務制が施行され、教育現場が新しい教育態勢の創造を目指して努力していた時代であった。そのため、一緒に参加させていただける幸運に恵まれ、努力したものである。その間に多様な問題が浮上し、翻弄されながら、少しずつ、解決の方向へと焦点化していったことを記憶している。

　生活単元学習では、基礎学力が身に付かないとか、あそび学習については、「あそび」と「学習」は、相反する概念であり、第一、「あそび」は、教育ではないとか、養護・訓練は、「訓練」は、教師主導的用語であり、子どもの主体性を無視しているなど、結構、批判される風潮が、たくさん、生起した。勿論、あそび学習は、「あそびの指導」、養護・訓練は、「自立活動」に名称が変更された。

　本節で紹介する内容は、当時、説明資料として作成した講演要旨や関係書籍に掲載した概要の一部である。それに筆者の考えを加味し、特に重要と解される事項をピックアップして、纏め直したものである。大筋は、40年前の資料ではあるが、現在、通読してみても、参考にできる内容が多い。「原点に返って考えてみる」という格言があるが、一読を乞う。

②教育課程の二重構造

1966年の学習指導要領精神薄弱教育編解説により、図1の**指導形態**が提起された。その段階では、合わせた指導形態は、生活単元学習、作業学習、日常生活の指導であったが、1971年に養護・訓練、後に自立活動に名称変更、1975年にあそび学習、後に「あそびの指導」に変更が付け加わった。

2重構造に改正されることになった理由は、1つは、知的障害児は、抽象能力が劣り、具体的レベルで思考しているため、抽象性が高く、間接体験で指導される教科中心の方法には付いていけない。2つ目は、教科中心では、断片的知識・技能の集積だけになってしまい、生活に活かせないが、合科・統合した学習では、生活課題そのものが学習の素材になるので、無理なく、役立つ。3つ目は、生活課題は、日常生活そのものであるので、学習意欲の乏しい子どもでも、興味関心を持ちやすい、などである。

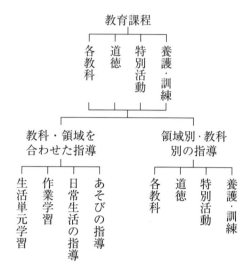

図1 指導形態
養護・訓練とあそびの指導は、後で付け加わる

2）生活単元学習

①生活単元学習の成立条件

成立するための条件には、必須条件と必要条件とがある。**必須条件**は、絶対、除外したら、成立しない重要な条件であり、**必要条件**は、含める方が、望ましいが、必ずしも、含めなくても、支障はない条件である。

必須条件としては、①児童・生徒の実生活そのものが教育内容であること、②取り扱われる生活課題は、児童・生徒の興味・関心に根差したものでなければならないことである。以上の２つが、公認されている条件であるが、筆者は、もう一つ、付け加えたいと思っている条件がある。それは、③児童・生徒自身が課題意識をもって、計画立案し、活動するという**主体的な学習**であることである。しかし、③の条件は、重度・重複化が進んだ障害児になると、必須条件に加えるのは、難しいとも思う。

必要条件については、**養護学校学習指導要領精神薄弱教育編解説**に列記されており、以下のようになる。

①児童・生徒の社会的・身体的・精神的発達水準にあったもの。

②一人ひとりの児童・生徒の能力をのばせるとともに集団全体がその単元に参加し、協力できるもの。

③読み、書き、算数を用いる機会が用意されるもの。

④多種多様な経験が可能なもの。

⑤終わった時点で成功感が味わえるもの。

⑥単元の学習期間は、児童・生徒の実態に応じて弾力的に定められるもの。

②生活単元学習で目ざすもの

実際生活に活かせる知識・技能、即ち、「**生活力」を育成**することが目標である。「生活力」とは、生活する上で、生起する種々の問題を、他人の手を借りないで、自分の力で処理し、力強く生きていく能力である。それは、以前に経験したことがない新しい生活課題を**処理する能力**と、すでに保持している知識や技能を関連した課題に**活用できる能力**との２つの側面から捉えられる。知識・技能は持っていても、実際生活で活かせないのであれば、保持しないのと等しい。

③単元の４種類

行事を中心にした単元……民族的行事（こどもの日、たなばた、クリ

スマス）、学校行事（遠足、合宿訓練、運動会）などである。「行事」は、毎年、繰り返されるので、学習内容が単調になり易く、深まりにくい。「**這い回る経験主義**」と言われるように、惰性に陥りやすいので、注意が肝要である。

季節を中心とした単元……春の野山、つゆ、くれの町などがある。係活動として「日誌」や「お天気しらべ」などに記録させて、それを教材として、学習を進める場合が多い。また、色々な生活課題を取り上げて、発展させ易い長所がある。例えば、「つゆ」については、衣がえ、"カビ"、健康、災害などが関連した教材として取り扱える。

課題を中心とした単元……友だち、わたしたちのからだ、私の家、交通安全、働く人々、「はりこ」の面作りなどが挙げられる。通常、事前に教師が十分に検討した課題であるため、活動が深まる可能性はあるが、欠点は、あらかじめ教師が設定した「課題」であるだけに、子どもの意識化、動機づけが高まりにくい。どのような方法で喚起させるかを工夫する必要がある。

教育現場でしばしば、見受けられる「買い物学習」は、課題単元の一種と捉えられるが、通常は、大単元「遠足」「運動会」などがあって、その下位活動として、小単元として位置づけられる性質のものである。

偶発的な出来事を中心とした単元……交通事故、小鳥の死、友だちの入院、台風などが挙げられる。偶発的出来事は、子どもたちの関心を引きやすく、学習意欲は高まる傾向がある。その反面、既に定まっている年間計画や月計画の中に、無理に割り込み、修正を余儀なくしなければならない難点がある。また、偶発的な出来事から取り上げられた学習内容は、十分に考慮して作成された内容ではないだけに、平凡な学習に堕してしまう恐れがある。しかし、反面、活動の流れが掴みやすいだけに、子どもたちは意欲的に取り組むことになり易い。

④配慮事項

行事単元や偶発単元は、1年間単位でみると、「運動会」などは、例年、

3章　一人ひとりの実態や特性に即した教育課程

同じ主題の類似した活動の繰り返しになり、いわゆる「這い回って」しまう。単なる繰り返しではなく、前回より今回、今回より、次回と螺旋的に深めていくことが必要である。そのためには、前回習得した成果を個人別に細かく、具体的に記録にとどめておき、次回の単元計画に活かしていくことが肝要である。

　生活単元学習は、集団で行う活動であるので、各人の能力差や興味・関心の違いに基づき、下位グループを編成し、対応する活動を組織化して、核となる課題が解決されるように計画する。そのために、個人の活動を全体的視野の中に位置づけて捉えさせておく努力をしなければ、単なる個人レベルの活動の集積にとどまってしまう恐れがある。各人が、全体活動の中でどのような位置づけにある役割分担を果たしているのかを、絵図などを通して子どもたちにも、確認させるようにする。

　生活単元学習は、課題の意識化に始まり、それを追求させ、解決までに至らせる一連の過程である。従って、課題と直接関係のない活動が途中で挿入されたり、**一部分の活動だけが強調されすぎたりする**と、学習の大きな流れが中断してしまい、進行しないことになる。例えば、行事単元「宿泊学習」で、買い物に行かせるために、あらかじめ事前学習として、模擬店を設けて、買い方、金銭の計算を過剰に練習させた結果、高まっていた宿泊学習への意欲が激減してしまった。可能な限り、児童・生徒中心に活動を構成するのが基本であるが、能力程度に応じて、獲得させたい主な内容だけに限定して、学習活動を組織し、その他は教師があらかじめ準備しておくようにする。

　生活単元学習には、核となる課題と、それを構成するたくさんの部分課題とがある。しかし、しばしば、部分課題のみを並列的に取り扱い、核となる課題を中心に纏めて学習がなされていない場合は、統一された単元とは、言えない。例えば、行事単元「お正月」で、部分課題として、帰省の思い出、お正月の遊び、初詣、お客さん、お年玉、買い物、が設定されるが、これらは、相互に関係がなく、無雑作にお正月に関係のある諸活動が寄せ集め的に、列挙されている場合などである。このような

79

第Ⅰ部　知的障害児に「生きる力」を育てる学習支援の在り方

並列的な構成の仕方は、本来の生活単元学習とは言えない。仮に、「お正月」を生活単元学習として構成するとすれば、「凧あげ大会」とでもして、凧作りと凧あげ大会とを核となる2課題とし、部分課題を、お正月の遊びの話し合い、凧あげ大会の計画、設計図の作成、部品の買い物、製作活動、保護者への招待状作成、凧揚げ大会、反省会などのように組む。

3）作業学習

①作業学習とは、

第1の条件として、**何かを生産するために**身体を使って働く活動をいう。生活単元学習にも、ものを作る活動が部分的に含まれるが、全体として、消費的活動の色彩が強く、その点が作業学習と異なる。第2の条件として、基礎的な作業能力や作業態度の育成を図ることである。第3の条件に長期間続く、継続的活動である点が挙げられる。

目標については、近年、知的特別支援学校・設置学級の卒業生の大多数が支援学校の高等部、職業訓練校へ進学するようになった。そのため、中学部や中学校設置学級では、職業への自立を目指すというより、中間段階として、過渡的に必要な目標を設定しなければならなくなった。即ち、職業に直結した専門的な知識・技能より、むしろ、**作業態度や基礎的知識・技能、基礎的作業能力**の習得が重視されるようになった。

②作業種目選定の条件

先ず、①職業に関する基礎的知識・技能、基礎的作業能力、また、領域・教科の広範囲な内容が含まれるものが望ましい。続いて、②作業態度が形成でき、労働意欲が開発できるものである。③作業工程が分かりやすく、部品と完成品との関係、仕入れから販売までの一連の過程が学習できるもの、④難しい内容から易しい内容まで含まれており、能力差に応じられるものである。また、⑤危険性が少なく、安全性が保障されているものである。

③作業学習の配慮事項

できるだけ、子どもが計画を立案し、試行錯誤しながら、作業を続け、完成品を作り上げていく過程を尊重しなければならない。完成品を作ることに作業学習の目標があるのではなく、**作業する過程で得られる作業能力や作業態度**に主眼がおかれるのである。ともすると、専門的な技能が重視され、教師主導で、子どもはそれに従っているだけの取り組みになりがちになる。この点は特に注意しなければならない。

次に、いくつかの工程が含まれている種目を選定して、1つの工程が十分マスターできたら、一段、難しい工程に挑戦させるように計画を立てる。一つだけに固定して作業させると、自分は常に友だちより易しい仕事であると誤解を招き、劣等感や不公平感が生じ、意欲を喪失させることになる。また、各人が1工程を分担し合うことにはなるが、その工程の全体的位置づけや、完成品の販売ルートや、日常生活の中での活用のされ方等も含めて理解させ、体験させる機会を設けることも大切である。また、労働週間を設定して、作業学習中心に日課を組み、ノルマを決めて挑戦させるとか、また、出来るだけ、登校から下校までの総時間を、事業所の日課や生活規制に合わせて同一条件で作業させて行う**間接体験学習**なども、実践的な作業態度を習得させる意味で効果的な方法である。

4）日常生活の指導

①「日常生活の指導」とは

生活の流れに沿った指導である。学校の日課として、繰り返される登校の準備、朝の会、朝の仕事、遊び、給食、そうじ、終わりの会、帰りのしたく、下校などが主な対象となる。

学習内容は、**日常生活動作（Abilities of Daily Life. A.D.L.）**……食事・排泄・衣服の着脱・就寝・洗面・入浴などの処理。**集団生活への参加**……遊び・仕事・あいさつ・応対・時間の使い方・行事・きまり・安

第Ⅰ部　知的障害児に「生きる力」を育てる学習支援の在り方

全。**経済生活**……役割と責任・節約などが挙げられる。

②配慮事項

　生活の流れに沿って指導するのが、条件である。例えば、排泄の指導は、トイレ行きたくなった時、取り扱うのであって、特別な時間を設定して、練習するのではない。しかも、改まって「指導しよう」として、行うのではなく、排泄するという生理的な欲求に沿って、介助しながら「**教育的支援**」をする。

　摂食行動では、独りで食べられない重度児には、教師がスプーンを使用して介助することになるが、その場合でも、ただ介助するのではなく、少しでも、独りで食べられるようになる過程であると常に自覚しながら、「**教育的介助**」で行うよう心掛ける。

　衣服の着脱動作の指導などでは、成功感を味合わせるよう工夫して対応することが大切である。そのために、例えば、脱ぐ場合には、ほとんど脱げた直前の最終段階まで準備して持っていき、独りで引っぱって脱げたら、賞賛して、成功感を味合わせる手順で行う。所謂、「**背向型**」で行う。

5）あそびの指導

①あそびの本質

　「あそびの指導」は、あそびの本質に沿うものでなければならない。「あそび」とは、アレー（Arey,A.F.）によると、「**楽しみ**」であり、満足を伴う活動であること、「**自発的**」であり、自由であること、**それ自身、**「**目的**」であり、なんら他の目的は考えられないことである。即ち、**楽しみ、自発的、それ自身が目的**の3条件が満足されるとき、あそびと捉えている。しかし、近年のように重度・重複化が進んでくると、この条件を達成するまでに届かない子どもたちが存在することになり、発達の捉え方を見直すことが必要になった。

パーテン（Parten, M.B.）は、**あそびの発達**について、11段階を設定している。即ち、：①**なにもしていない行動**、②**傍観的行動**、③ひとり遊び、④平行的行動、⑤**わがままかってな行動**、⑥**こび甘える行動**、⑦ふたり遊び、⑧低次の連合遊び、⑨高次の連合遊び、⑩低次協同的行動、⑪高次協同的行動、である。その内、太字で表した①何もしていない行動、②傍観的行動、⑤わがままかってな行動、⑥こび甘える行動は、アレーの定義の範疇には入らないし、通常、一般常識としても、あそびに含めないで取り扱っている場合が多いのではないだろうか。パーテンが挙げるように、あそびの一番、低次の段階として、「何もしていない行動」を置き、徐々に発達して高次の段階に達すると連続的に捉えるとすれば、最初の段階の頃に、設定するのは、妥当と思われる。

　さて、　あそびは、教育的側面から捉えると、以下のような効果が認められよう。ただ、注意したいのは、これらの効果は、意識しないで、遊んだ結果、**自然に身に付いてきたもの**であり、努力して、習得せれたものではないということは銘記すべきであろう。意識し過ぎ、教え込もうとするようになると、本来の「あそびの学習」ではなくなってしまう。

　●情緒が安定する。●知的発達を促す。●社会性が育成される。●身体諸機能が向上する。●自発性が育成される。

②「あそびの指導」の指導形態

　「あそびの指導」は、字句どおりに解して、「**あそび**」**を指導する仕方**ではない。元々、指導形態として取り上げられるようになった当初は、「**あそび学習**」と言われていた。しかし、常識的には、「あそび」と「学習」とは相反する概念であり、馴染まないということから、最終的に「**あそびの指導**」という言葉に落ち着いたのである。それでも「あそびを指導する」と解されそうで、十分ではなく、誤解を招きやすい。注意したい。

　教師が「あそびの指導」の授業をしていると思っていても、子どもが教科の勉強をしていると考えているのであれば、「あそびの指導」ではない。それより、教師が、教科学習を意図して行っていても、子どもが

第Ⅰ部　知的障害児に「生きる力」を育てる学習支援の在り方

それを遊んでいると感じているのであれば、その方が、「あそびの指導」に近い。とにかく、「あそびの指導」か、そうでないかの判定は、**子ども主体**に決まるのである。

表1　教師の「あそび」への関わり方

教師の思い／子どもの気持	「あそびの指導」	「あそびの指導」でない学習
遊びと感じている	◎	○
遊びでないと思っている	×	×

◎……「あそびの指導」である。子どもが遊びと感じていることが大切。

　また、「あそびの指導」は、別に「**あそびの学習化**」として特徴づけられ、あらかじめ　計画した教育内容を、教師はあそびを通して、知らず知らずの内に、習得させることを目論む。それに対して、子どもの思いと教師の意図が一致している場合は、「**学習のあそび化**」として区別され、教師は、意図した教育内容を、子どもが意欲的に取り組むよう**遊びを手段**として導入する。この手続きは、生活単元学習や教科学習に、ごっこ遊びや課題遊びとして適用されている。教師が強い指導性を発揮し過ぎると、遊びではなくなってしまう。教師の役割は、**場の設定であり**、目標とされている教育内容が十分に学習できる機会が盛り込まれるよう工夫するのである。

　「あそびの指導」の適用が望ましい障害程度は、課題意識が生じにくく、かろうじて生起しても、それを一定時間保持できない段階である。従って、生活単元学習は、それ以上の障害程度の者が対象となる。あそびの指導と称して、生活単元学習が可能な子どもに、自由あそびをさせている授業光景を見ることがあるが、時間のロスとしか考えようがない。

③配慮事項

　あそびの指導における教師の役割は、場の構成・設定にある。しかし、あらかじめ、準備した場であっても、子ども主体に遊びは進行するので、もちろん、ある程度の方向づけは必要ではあるが、必ずしも、意図した

通りには進行せず、計画の変更を余儀なくされることがあることは、否めない。

授業の展開は、できるだけ、**パターン化**する。「どろんこ遊び」を例にとると、タオルと着替えを持ってバスルームへ→入室、着替え→バケツ、じょうろを持って泥づくり→プリンカップの容器などの遊具を使用しての遊び→道具の後片付け→水道で手洗い・洗面→バスルームで着替え、のようにである。このようにパターン化すると、教師は、子どもの活動の予測がつきやすく、援助を必要とする場や機会が的確に捉えられる。また、子どもは今、何をすればよいかの見通しが立ち、遊びにスムーズに参加できる。特に多動児には、パターン化した遊びは分かりやすく、その活動を中心に、派生した別のあそびへと発展させていけ、予想した計画が立てられるので、効果的方法であるといわれる。

授業展開における教師の立場は、**集団のリーダー的存在、プロモーター的存在**である。あまり、指導者的態度で接すると、子どもは、受動的になり、遊びの本質である自発性、積極性が消失してしまう。また、教師は、遊びの中では、**誘導的刺激**を与える。例えば、教師自身がどろんこ遊びに夢中になって遊んでみせる。そうすると、つい、子どもたちは引きずり込まれて遊び始める。また、**説明的発言**をする。だれに言い聞かせるともなく、"おだんごを作って、木の葉っぱのお皿にのせて、……"というように独り言を言うと、子どもたちに遊びの内容が理解されやすくなる。

「あそびの指導」の評価は、①子どもの側から、捉えることになるので、先ず、遊びに夢中になっているか、目が輝いているか、"止めなさい"と言ったとき、すぐに止めないで、"まだ遊ぶ"というかの**意欲的側面**を捉える。②次に、遊びは、元来、自由奔放なもので誰にもとらわれないものであるから、新しい遊びを**創り出す努力**がなされているかどうかを捉える。③更に、教師は、あらかじめ、意図した教育内容が習得されているかを計画的に、観点を決めて捉える。この点が軽視されると、単なる遊びになり、学習ではなくなってしまう。

6）自立活動

①特別な指導内容の領域

以前の学校教育では、教育内容の領域は「各教科」・「道徳」・「特別活動」の３領域であった。障害を有する者については、それだけでは不十分であると、指摘されるようになり、1962年に改訂された学習指導要領では、肢体不自由・病弱特別支援学校では、体育・機能訓練、養護・体育の領域が付け加えられた。更に、盲・聾・知的障害にも、それに代わる特別な領域が必要であると問われるよう

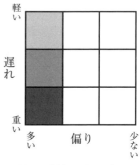

図２　発達の遅れと偏り

になった。知的障害では、「養護・訓練」が設定され、後に、名称に誤解を招く恐れがあるとして、「自立活動」に変更された。

自立活動は、**障害の様態に応じて**、３群に分けられ、指導がなされる。**１群**は、知的障害とは全く関係のない、他の障害を併せ持つグループで、例えば、視覚障害・聴覚障害などの障害に対する教育である。　**２群**は、知的障害に伴って生ずる随伴障害を、共通的に有するグループであり、言語機能の偏り、感覚・知覚の偏り・運動機能の偏り、情緒・行動の偏りなどに対する教育である。**３群**は、知的発達の遅れ、それ自体に対する教育である。

②指導の型

図２は、発達の偏りと遅れとの関係を図示したものであるが、偏りが大きくなればなるほど、遅れが、軽度→中度→重度傾向が大きくなり、重複障害の割り合いが多くなることを示している。

先ず、発達の遅れだけで、偏りがないグループは、前述の３群に相当し、生活単元学習、あそびの指導など、合科統合学習で行うことが出来

る。発達の偏りが大きくなり、遅れも重度化すれば、1群、2群に該当することになり、「自立学習」または、その他の学習で配慮して対応することになる。

重複障害児の自立活動の捉え方と対応（1群に相当）については、1979年告示の学習指導要領によると、「重複障害者のうち、学習が著しく困難な児童生徒については、各教科、道徳、特別活動の目標・内容に関する事項の一部又は各教科に替えて、**養護・訓練（現在は自立活動）を主として指導を行うことができる**」と規定されている。また、自立活動の教育内容としては、健康、感覚・認知、粗大運動、微細運動、日常生活の動作、コミュニケーション、集団参加・社会性、などが挙げられる。

第Ⅰ部　知的障害児に「生きる力」を育てる学習支援の在り方

2　障害程度と年齢とを踏まえた教育内容の系統

1）障害程度を踏まえた教育内容の系統

①障害程度を踏まえた教育内容の系統

　知的障害児の教育内容は、重度・重複障害、中・軽度、通常に大別した障害程度を発達段階の指標として、関連づけて取り扱うことができる。この方法は、一般的に、ポーテージ・プログラムやワシントン大学プログラム等のように発達段階表として表される場合が多い。

　重度・重複障害児では、周囲の援助的対応の割合が大きくなる。生活している環境下で、最大限、能力を出し切って生活していくことになる。それでも、発達可能な能力が、少なく、活かせないため、ほとんどが周囲の介助に頼って生活することになる。求められる教育内容は、周囲の援助的対応を受け入れて人間関係を保つ社会性、また、自分の身辺のことは、自分で処理する**A.D.L.（日常生活動作）**の習得が大切になる。また、重度・重複障害児は、在宅か、又は施設で生活する時間帯が多くなるが、介助者が少ないという現状から、社会的要請として、介助者の労働力を軽減するため、否応なくA.D.L.の習得が強いられることになりやすい。その結果、A.D.L.が確立すると、援助的対応の機会が少なくなり、独りで過ごさなければならない生活を余儀なくされ、不満足な生活を送ることになりやすい。もともと、A.D.L.の習得は、症児が**充実した生活**を送れるようにするためになされるのであるから、この点を十分に銘記して指導に当たる必要があろう。少なくとも、社会的必要性から指導がなされるのではない。あってはならないと思う。もう一つの教育内容は、**余暇の過ごし方**である。介助者がいない中で生活する時間帯が多いことが推察されるので、独りで楽しく取り組める趣味を習熟しておくことが望まれる。

88

3章　一人ひとりの実態や特性に即した教育課程

　中・軽度児では、A.D.L.がかなり自立し、活動の範囲も、友だち関係から地域社会まで、拡大していく。また、教育可能性も伸展して、社会的自立を目指した教育が積極的に受け入れられるようになる。しかし、まだ、基礎的知識や技能の量は少なく、それを生活の中で活かせる一般化する能力は十分ではない。

　他方、活動範囲が広くなることから、多様な難しい生活課題に遭遇し、解決できず、**失敗感や劣等感を体験する**割合が多くなる。このような状況下で求められる教育内容は、新しい課題を解決する知識や技能の獲得と、既有の知識や技能を活用して、**新しい課題に活かす力**である。特に後者については、保有する能力を存分に活かして対応する力とであり、そのためには、自分の能力のレベルを把握していることが求められる。

　更に、もう一つは、教育内容として、年齢相応の通常児と比較されたり、年齢相応の集団の中で、失敗感を味わったりする機会が多くなることから、どのような事態でも、情緒不安定にならず、**意欲的**に集団参加する忍耐力が要求される。

　通常児になると、周囲の援助に頼らず、自立する割合が最大になる。活動の範囲も広がり、教育可能性が著しく増大する。従って、教育内容としては、自分のことは自分で判断し、決定し、行動する「**自律する力**」が大切にされる。新しい考え方を編み出したり、物を創り出す力、間違いを間違いとして言える勇気、前向きに生きていることに喜びを感じることが挙げられる。

②生活年齢から要請される教育内容の系統

　生活年齢に即した通常児の**発達課題**については、ハビガースト（Havighurst　1953）の分類がある。通常児では、生活年齢と平均的な発達段階とは、ほぼ一致し、生活年齢に視点を当てて教育内容を設定することが容易である。障害児では、両者の間には隔たりが大きく、生活年齢中心に教育内容を選定することは難しい。しかし、生活年齢は高ずるにつれて、障害児であろうと、通常児であろうと生活の場が、共通し

89

第Ⅰ部　知的障害児に「生きる力」を育てる学習支援の在り方

ており、家庭から学校、地域社会、職場・施設へと移行し、それに対応して社会的要請が変化していくので、教育内容は、共通的視点から、捉えることが必要になる。

　知的障害特別支援学校について、学部別に**社会的要請**を中心にした教育内容を概略挙げると、**幼稚部**では、家庭から学校へと生活の場が移る過渡的段階であるので、家族の支援がなければ教育効果を挙げることは難しい。子どもにとっては、親子の縦関係から友だちとの横関係へと集団参加の処し方が変わるので、そのための基本的な能力の形成、家庭から離れた場でのA.D.L.の自立が課題となる。

　小学部では、学校中心から地域社会へと、生活の場が拡大する時期であり、あそびの場作りや地域社会の協力態勢作りが必要となる。集団生活や地域社会生活での過ごし方、また、基礎的なことばや、かずの活用能力の習得が求められる。

　中学部では、３年間経過すると、義務教育が終わり、卒業する者、高等部に進学する者が出てくる時期であるので、卒業後の進路を見通した取り組みになる。職業生活で身に付けておくべき基本的な知識や技能、また、施設、家庭生活の過ごし方、余暇の活用の仕方が課題となる。広島県立尾道特別支援学校[5]では、中学部在籍者、市内の中学校特別支援学級在籍者を対象に、清掃分野、接客分野の２分野について、学校独自で作成した作業検定を行い、認定証を与えている。その取り組みを通して、子ども達にはコミュニケーション・スキルや職業的スキル、また、賞状をもらうことにより、自己肯定感が育っているという。

　高等部では、学校教育の修了を間近に控えているので、進路を射程に入れた実際的な取り組みになる。従って、会社や施設、家庭との提携に基づく**直接体験的な学習**が教育課程の主要な内容になる。また、軽度の障害児が対象ではあるが、特別に専門的な技能を習得し、国家資格を取得させ、一般就労を目指して、実績を挙げている学校もある。

90

3章　一人ひとりの実態や特性に即した教育課程

③障害程度に生活年齢を加味した教育内容の系統

　障害程度を踏まえた系統に、生活年齢に基づく社会的要請を加味し、再構成して、初めて**最終的な生活力の教育内容の系統**が完成することになる。このような手続きに基づいて、なされている多くの学校の教育内容の選定の手続きは、先ず、発達検査や累積記録、観察資料などで現在の**達成レベル**を明らかにし、学校独自で作成する発達段階表や指導内容系統表により、年間または、数か月にわたる教育内容を決める。この手続きでは、**個人の達成レベル**が重視され、生活年齢の視点が入りにくいことから、**発達段階中心の教育内容**になり易い。

表1　排尿の教育内容の系統表モデル（根本ら1984）

発達段階		生活年齢			
		家庭・学校 ————→ 地域社会 ————→ 将来生活			
		幼稚部	小学部	中学部	高等部
発達段階	重度	促して定時排尿 尿意の意識化 処理全介助 家庭・学校（での排尿）	→ → 処理部分介助 →		身振りサインで表示 家庭・学校・援護施設など
	中度	促しで定時排尿 身振りサインで表示 → 処理部分介助 学校 →	定時排尿 処理自立 →	定められた時間での排尿 → ことばによる表示 → 学校・公共施設	会社・福祉作業所など
	軽度	定時排尿 身振りサインで表示 処理部分介助 学校	定められた時間での排尿 → ことばによる表示 → 処理自立 → 学校・公共施設・会社など →		

　実際には、発達段階により選定された教育内容としては、身辺処理、情緒の安定、行動統制、集団参加、文字・数字などの領域にまたがる多数の内容が挙がってくる。その中から、さし当って必要な教育内容を選定するため、新しい手順を付け加えることになる。

　これを根本ら（1984）[4] は、**「優先目標」**として取り扱っている。優先目標として選択される規準は、①一定期間で習得可能な内容と、②現在または、将来生活で直接役立つであろう内容である。後者は、生活年

第Ⅰ部　知的障害児に「生きる力」を育てる学習支援の在り方

齢に視点を当てた規準であり、年間または数か月間にまたがって取り扱う教育内容が選定されることになる。表1は、発達段階の指標として**障害程度**を、生活年齢の指標として**学部段階**を、組み合わせた教育内容の系統表モデルである。幼稚部段階の障害程度が、高等部になるにつれて、将来生活を射程に入れた教育内容へと変化していくことを示している。

2）教育内容の系統に基づく教育計画の立案

①直接体験学習を中心とした教育計画の立案

　北九州市立北九州特別支援学校（北九州市立北九州特別支援学校 1988）[2] は、肢体不自由を主障害とし、脳性運動障害が90％以上を占め、殆どが知的障害を伴っており、重度・重複障害から知的障害のない子どもまで広範囲にわたる学校である。そこで、知能段階を規準に、重度・重複障害、中・軽度障害とその重複障害、境界線、通常の4グループに分けて、教育課程を編成している。本項で取り扱うのは、その内、**中・軽度障害とその重複障害**を対象とした教育課程についてである。このグループに所属する子どもは、生活経験が少なく、障害が偏っているため、社会生活を処理していく知識や行動に乏しく、また、受動的行動パターンが習慣化し、自主的な生活態度がとれない欠点を持つ。そこで、生活課題に直接関わらせる学習場面を設定し、自ら気づき、考え、行動する一連の活動を重視する**総合学習**を構築した。この形態の特徴は、日常生活の経験のまとまりを学習課題として選定し、それを**直接体験**を通して学習させるものである。つまり、模擬体験や間接体験でなく、実際の生活やそれに近い場面を設定して経験させることが中心になる。

　教育課程編成の手順は、まず、身近な社会、身近な自然、基本的生活習慣、生活技能の4領域について、小学部、中学部、高等部を通した教育内容表を作成する。この内容は、現在または将来生活を送る上で必要な知識・技能で構成されている。次に既習教材や発展教材との兼ね合いを見定めながら、取り扱うのに適時的な生活課題を単元として設定し、

3章　一人ひとりの実態や特性に即した教育課程

教育内容表から、関係のある教育内容を抽出して単元の指導計画を立てる。その際、**直接体験ができる機会**を多数含めるようにする。このような手順で得られた代表的な単元名を挙げると、小学部低学年「学校を探検しよう」、中学年「トーモロコシを育てよう」、高学年「洗たくをしよう」、中学部「えんどう豆の収穫と調理」、高等部「おたのしみ会をしよう」、「はがきをつくろう」などである。なお、授業に当たって、直接体験を効果的にする条件として、①指示・介助は出来るだけしない、②失敗させ、打開の方法を考えさせる。③類似の体験を反復させる、④安全面に特に留意するが挙げられる。

　バートン（Burton. 1989）によると、カリフォルニア州教育局では、障害児の雇用状況の好転を図るため、直接体験学習を中心とした小・中・高一貫教育を奨励している。**第1段階**は、基礎作りで、A.D.L.が主な内容であり、個別教育プログラムに従って指導される。**第2段階**は、交通標識の見方、バスのキップの買い方、マーケットでの買い物の仕方などのcritical　skillが直接体験学習によって指導される。**第3段階**は、通常児との統合的環境の下で集団生活の仕方を学習する。その際、高校生のボランティアがチューターとして、手伝う場合もある。**第4段階**は、地域社会や会社での過ごし方や職業的知識・技能などを実地に学習する。また、これらの触れ合いを通して、通常児への障害者理解を高める。**第5段階**は、すべての段階を支える基礎となる**ことばやかずなど**の教科的内容が、生活の場や職場で使用できるように実地に学習させる。以上の**職業的自立を目指した一貫性のある小・中・高への橋渡し**をtransitionという。校外学習する割合は、6歳で全授業時数の10％、12歳で50％、15歳で75％であり、徐々に増加していく。

②グループ編成を中心とした教育計画の立案

　山口大学付属特別支援学校は、重度・重複障害児が6割を占めていた1980年代、個人指導プログラムを生かした、教育課程の編成について、実践研究をしている（山口大学教育学部付属特別支援学校1986）[6]。即

93

第Ⅰ部　知的障害児に「生きる力」を育てる学習支援の在り方

ち、個人のレディネスを活かすことにこだわって、既存の教科・領域や指導形態に囚われない新しい指導の枠組みと指導計画の作成を構築している。手順の**第1段階**は、個人別の指導カルテを作成することである。検査結果や生育歴を記載する原表、発達水準と到達度を明らかにするⅡ表、教育内容と所属集団を明らかにするⅢ表から成り、これを「**個人指導プログラム**」と名付けている。**第2段階**は、指導カルテと、あらかじめ生活力に必要な内容を発達に即して、配列した「学習内容一覧表」とから、既存の教科・領域や指導形態に相当する「**指導領域・分野の枠組み**」を決定する。

　枠組みを「**学習集団**」に視点を合わせてまとめると、以下の**3集団**に分かれる。①**生活集団**を編成して、取り扱う内容：生活集団は、身辺自立、集団参加、就労、職業的自立の分野を学習する集団構成であり、生活年齢に対応して編成される。おおむね、小・中・高の一貫性が保証されることになる。②到達度が等しく、**共通の学習課題**を有する子どもで編成される集団で取り組む内容：学習集団は、指導カルテに基づき、MAを参考にしながら、編成され、内容としては、自立生活、遊び、造形、音楽、運動、数量、言語、生活基礎、社会生活、家庭生活、作業、自立活動等であり、各領域・分野が単位学習集団となる。　③前述の2学習集団の領域・分野を**総合して行う集団**の内容：宿泊訓練、現場実習、児童・生徒会活動、学校運営行事から成る。

　第3段階として、個人ごとに3学習集団の中の枠組みでの位置づけが決まると、校内、全体としての纏まった最終集団に構成される。その後、全体指導カルテや学習内容一覧表等から指導内容を選定し、題材や展開が編成されるのである。

　以上の手続きにより完成した教育課程について、教師の感想は、効率の良い指導ができ、子どもは自分の学習課題や活動の仕方が具体的につかめ、積極的に参加できるという利点を挙げている。他方、**問題点**は、到達度が等しい共通課題で構成される集団でなされる授業が、総授業時数に占める割合が多くなることから、生活年齢の異なる集団で学習する

機会が多くなり、同一学部・学年に所属するという集団意識が育ちにくいこと、また、高学部・学年の保護者に"低学年の子どもたちと、どうして一緒に勉強をしなければならないのか"という不平不満が生ずる恐れがあることである。

　他方、Etten, Arkell and Etten（1980）[1] は、山口大学付属特別支援学校と異なり、領域の構成の仕方によって、発達水準と生活年齢との統合を図っている。先ず、共通領域を運動発達、自立スキル、コミュニケーション、社会的人間関係的発達、認知スキルに区分し、それに**初期段階**として、感覚発達と感覚運動発達を、卒業をひかえた**後期段階**として、職業前スキルと職業スキルを付加させている。

　以上が生活力の育成を目指す有効な方法として作成された指導の枠組みとグループ編成である。従来の教科・領域を合科統合する二重構造による編成と比較して、どちらが子どもの実態に即しているかは、今後の研究に待たれるところであろう。

③「あそびの指導」を中心にした教育計画の立案

　活動意欲や行動力などの基本的な生きる力を育成する有効な教育内容の枠組みとして、「**あそびの指導**」が挙げられる。年少児の生活は遊びであり、大部分の生活の場は、学校であるので、**遊びを中心に取り扱う活動**が授業時数の中で大きな割合を占める傾向になる。生活単元学習にあそびの指導を含めた学習を実践して、生活年齢、発達段階の低い子どもに対しては、有効であったという報告や、「あそびの指導」を月曜日から金曜日まで通して、午前中の2単位時間を帯状に時間を配分している実践、「あそびの指導」を独立した指導形態として位置づけ、週授業の3分の2を割り当てている学校等もある。

　北九州市立八幡特別支援学校（1990）[3] は、「あそびの指導」の時間が、全授業時数の3分の1程度であり、それほど多くないが、生活単元学習の中心に、あそびの指導を位置づけた生活力の育成を、研究主題として取り組んでいる。基本的教育内容選定の条件に、**遊びの発達段階**を踏まえ

ること、重度・重複障害児が参加できる内容にすることを挙げ、前者については、実態調査をしたところ、小学部低・中学年では、感覚あそびと模倣あそびを中心に、高学年では感覚あそびと機能あそびに該当する子どもが多かったにもかかわらず、中学部の作業学習への発展を考慮して、「造形あそび」を設定している。以上の反省として、「あそびの指導」は単発的に終わってしまい、積み重ねができにくいこと、高次の学習へのスムーズな移行ができにくいことを指摘している。即ち、教育的視点が入りにくく、「あそびの指導」を通して、どのような教育内容を保証するのかがあらかじめ十分計画されていないと、這い回ってしまう傾向があることを示唆している。

　以上から、「あそびの指導」の系統性を中心に**留意点**を述べると、先ず、子どもの生活には学校生活の外に、家庭・地域社会生活があり、その過ごし方は必ずしも一致しない。特に支援学校は、障害児だけの集団生活であるので、その個人差を明らかにして、「あそびの指導」の中に、その違いを含めて、配慮して取り入れる必要がある、他の1つは、将来生活を予想した小・中・高一貫性のある取り組みについて、「あそびの指導」の発展性を見通した計画が立案されるべきであろう。そのために、あそびの指導の深まりの段階、発展的指導形態、移行をスムーズにする手立てが研究される必要がある。

結語

　生きる力は、往時は、個人の発達に帰属させられる側面が多かったが、近年、周囲の援助との相互関係で捉えられるようになった。また、「**生き甲斐**」を根底におく見直しが強調されるようになった。　生活力の教育内容の系統は、障害程度に基づく易から難への系統に、**生活年齢**に基づく社会的要請を加味し、捉え直してはじめて成立する。

　生活力の育成を図る有効な**教育内容**として、直接体験のまとまりを重視する方法がある。職業的自立を最終目標として、幼・小・中・高一貫

3章　一人ひとりの実態や特性に即した教育課程

性を図りながら、段階的に地域社会・会社などの校外学習の量を増していく。**個別指導プログラム**による指導計画として、発達段階差により等質集団を編成し、対応する教育内容を整理して与えていく方法がある。この方法は、生活年齢が十分に配慮されないところに、学部・学年への所属意識が育ちにくい欠点がある。

　障害程度と生活年齢の低い子どもを対象に、生活力の育成を図る有効な指導形態として、「**あそびの指導**」が見直されている。学校生活と家庭・地域社会生活、予想される将来の生活との整合性を考慮した内容の検討が望まれる。

【引用文献】

1）Etten,G.V.,ArKell,C. & Etten,C.V., C.V.Mosby. The severely and profoundly handicapped programs, methods, and materials., 1980.

2）北九州市立北九州特別支援学校　北九州市立北九州特別支援学校研究紀要「児童・生徒の特性に応ずるための確かな指導はいかにあるべきか」, 1988.

3）北九州市立八幡特別支援学校　北九州市立八幡特別支援学校研究紀要「一人ひとりの実態や特性に応じた生きる力を育てる教育課程の実践と検証」, 1990.

4）根本友己・小杉敏勝・三宅　嶺　重症心身障害研究会誌9　「養護学校における重度精神薄弱児をモデルとした個別教育プログラムの検討」, 1984.

5）広島県立尾道特別支援学校しまなみ分校おのみち特別支援教育Ⅱ, 2018.

6）山口大学教育学部付属特別支援学校　第一法規障害児教育と個人指導プログラム」, 1986.

第Ⅰ部　知的障害児に「生きる力」を育てる学習支援の在り方

3　発達課題の把握と効果的な指導法

1）発達課題の捉え方

①発達課題とは

　発達とは、個体が時間と共に継続的に変化していく過程をいう。一過性の変化は、言わない。一時、病気して体重が減少したのは言わない。**広義には、伸長する、静止する、退行する**など、すべてを指しているが、**狭義には、プラスの方向の発達だけ**を言う。高齢化に伴い、記憶力が低下していくなどは、通常、発達とは言わない。**教育**は、期待されるプラスの発達が達成されるよう、援助する働きかけである。そのためには、教育効果がより多く、期待できる「**発達の適時性**」を捉えて、最適な教育を行うことが求められる。本項でいう教育とは、**広義の教育的環境**のことであり、学校教育だけでなく、広く、家庭や社会教育等を含めて、捉えている。

　発達には、一定の発現順序がある。発達の様相を時系列（年齢）ごとに、発現していく順序を、行動体制と中枢神経系の両面から表すと、**筆者の試案**であるが、図1のようになる。**行動体制**というのは、心的変化の過程を**観察可能な行動**の側面から捉えたことばであり、便宜的に、領域ごとに分けて、示されている。各領域は、それぞれ、独立して存在することはなく、常に統合されて一体としてあり、年齢に応じて、強く発現したり、消失したりする。図1に表示された、領域ごとの発達の「ふくらみ」は、発達の進捗状態を意味し、最も幅広く膨らんでいるか所が教育効果が現れやすい、**準備態勢readinessの整った時期**である。教育的見地からは、「**発達の適時性**」の時期と捉えられる。**感覚領域**で発現し易いのは、一歳誕生頃で、刻印付け、母子関係が育つ時期。**運動領域**では、1歳が歩行開始、3歳が巧緻性、5歳ごろから、連合動作、持久力、敏捷性が育

3章 一人ひとりの実態や特性に即した教育課程

つ幼児期。**情緒領域**では、2歳前後で顕著な情緒は殆ど発現、3歳前後で第一反抗期。**言語領域**では、6か月で喃語、1歳頃1語発話、3歳になると、多語文表現。**概念領域**になると、発現が遅く、数・量・長さ・重さなどの抽象概念が理解できるようになるのは、7歳頃になってからであり、更に遅れて、10歳頃になると、抽象的思考能力が発現してくる。

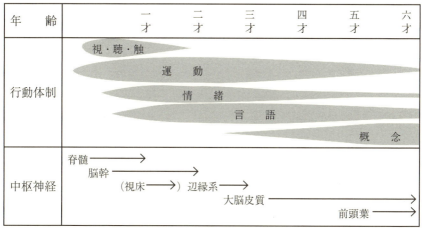

図1　発達適時性の割合と中枢神経系の発現状態（筆者の試案）

表1　大脳の各領域の機能

領域	主な機能
前頭葉	運動、言語、記憶、問題解決、パーソナリティ
頭頂葉	皮膚感覚、運動感覚、空間認知、視覚、運動、言語
後頭葉	視覚
側頭葉	聴覚、言語、記憶、視覚

　図1について、誤解しないで欲しいのは、「ふくらみ」が年齢を経るに従って、細くなり、無くなっているのは、消失してしまうことではなく、本図は、適時性を強調して表現したのであり、「**伸長する度合**」を表したのであり、決して、その領域が消えてなくなったことではない。中枢神経系も同様であり、**機能が発現しやすい時期**を示したのであり、その後も機能は、ますます、活性化、複雑化していくものと思われる。

99

中枢神経系は、大脳、小脳、間脳、脳幹から構成される。その内、大きな部分を占める大脳は、前頭葉、頭頂葉、後頭葉、側頭葉の領域に分かれて、表1のような機能を担っている。また、小脳は、運動の制御を、間脳・脳幹は、呼吸・食・睡眠など生命維持機能や内臓機能を制御している。

以上のように、器官、領域、また、機能の区別はあるが、中枢神経系は、常に統合化された全体として活動しているので、行動体制の各領域と1対1で関係づけて捉えることはできない。例えば、耳から入ってきた音声言語が意味のある言葉として認知されるためには、鼓膜を振動させて、音声信号となり、聴神経を介して側頭葉に伝えられる。更に、前頭葉の言語や他領域の中枢も関係し、統合化されて、初めて成立することになる。従って、中枢神経系の成熟とは、小脳や間脳、脳幹などの機能の制御化が進み、大脳の各領域の機能の分節化、統合化が図られることである。

②発達課題には、法則性が存在する

発達の進む速さには個人差があり、順序に関しては、人間に共通した順序がある。感覚・運動については、エヤーズ,J.によると、表2のように、レベルⅠから、レベルⅣへと進む。コミュニケーション行動については、梅津八三氏によると、表3のように、シグナル段階から、多くの段階を経て、2次シンボル段階へと進む。しかし、実際に指導する場合は、能力差に応じて、勿論、発達の順序には従うが、習得するスピードが異なるので、更に細かい段階を設けて、スモール・ステップで学習すること

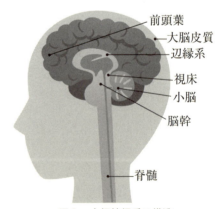

図2　中枢神経系の構造

になる。重度の知的障害児であれば、習得した内容について、更に一般化できる能力まで深化を図るためには、素材を変えたり、提示の仕方を工夫したりして反復する場合もある。

表2　感覚・運動の発達（エヤーズ, J.）

発達水準	感覚機能	行動体制	相当年齢
レベルⅠ	触覚・前庭覚・固有感覚・視覚・聴覚	●原始反射～高次レベルの反射 ●定頸から立位・歩行	0歳～2歳
レベルⅡ	身体像 左右知覚 運動企画	●粗大運動 ●移動能力 ●運動企画	2歳～
レベルⅢ	視空間知覚 形態知覚 運動技巧	●巧緻運動 ●利き手 ●感覚・運動協応動作	1歳～5歳～
レベルⅣ	認知	●読書・書字・数概念	6歳～

表3　コミュニケーション行動の発達段階　（梅津八三）

記号	所記と能記の関係	能記の型	相当年齢
シグナル	非分離	●笑う、泣く、カンシャク ●（自己回路系の行動）	～3か月
準シンボル	分離のきざし	●愛着行動 ●みたて遊び	3か月～ 2歳6か月
1次シンボル	ほぼ分離	●触振動、手を引く ●単純な身振りサイン	1歳～3歳
2次シンボル	完全に分離 任意的結びつき	●複雑な身振りサイン ●絵図、●しるし、記号 ●はなしことば、文字	2歳6か月～

　更に、現在、達成した段階は、既に習得された低い段階まで含めて、コントロールされることになる。少し難しい次の段階に進むと、前段階が学習の準備段階になっているので、再学習され、一層、定着化することになる。

　通常児の発達過程は、一定の順序に従って、低次から高次の段階へと、

第Ⅰ部　知的障害児に「生きる力」を育てる学習支援の在り方

スムーズに進行するが、障害児では、現在の到達段階と、より低い前段階、また、高い段階との間を大揺れに揺れながら、次第に高い段階に収斂していく。体調や気分次第によっては、高い段階の学習が成立したり、低次の学習だけしかできなかったりして、最終的に、高い段階の課題が達成される。

２）発達課題を踏まえた教育の原理

①個別教育計画立案のためのアセスメント

　特別支援教育の対象児には、重度化・多様化した子ども達がたくさん含まれているので、個人の特性を踏まえた教育がなされなければならず、**個別教育計画の導入**が必要である。更に、近年、保護者のわが子への教育的関心が高まり、**インフォームド・コンセント（十分な説明と同意）、アカウンタビリティ（説明責任）**が求められるようになり、重要性が増した。

　個別教育計画の条件としては、先ず、**徹底した実態把握**を行う。その上で、**長期目標を含む短期目標**を設定する。即ち、見通しを持った教育内容を作成する。次に、**指導方法**を決め、どのような学習の場で、又は特別な指導の場での支援が必要であるか、教具などを揃えて、実地に移す。その結果は活動表現として表示され、**次回の教育計画**へと活かしていく。

②アセスメントAssessmentの実施

　「**発達評定**」では、一人ひとりの到達度を決めて、どの程度、達成したかが評価される。**目標基準準拠テスト**ともいわれ、**絶対評価**が基本である。それに対して対照的な評価は、集団基準準拠テストで、相対評価であるが、採用されない。

　アセスメントに含まれる**内容**は、先ず、現在の感覚・認知・社会性などの達成度、次に習得が期待される発達課題、即ち、短期目標～中間目標～長期目標を設定し、次にどのような仕方で習得できるかの**方法**を明確にする。指導方法が分からないのであれば、教育内容として設定され

3章　一人ひとりの実態や特性に即した教育課程

ても役立たない。その際、過去、どのような指導がなされてきたかなど、**累加記録**が役に立つ。

3）発達課題を踏まえた教育の実践

①知覚－運動学習を通して行動統制を図った症例

　生育歴：T男、保育所在籍、2歳8か月指導開始。記載時、4歳5か月。家族構成は、父・母・本児。生下時体重3,500gで難産、始歩15か月である。

　指導開始時の行動特徴：身近な事物であれば、言語指示に対して反応できる。表出言語は、"パパ""ママ"など、5つが言える。排泄は、全く自立していない。食事は、手掴みで食べ、周囲一面にこぼす。午睡はすることがなく、動き回っている。一人遊びが多く、他児に対して自分の要求が通らないと、叩いたりするので、トラブルが絶えない。

　発達課題：言語の乏しさが行動の統制を難しくして、生活能力の習得を妨げたり、意思表示の出来なさが暴力行為を生じさせることに結びつくと推察されたので、理解語彙の拡大を図り、言語が行動の調整機能を果たすようにする、生活習慣を確立する、を指導内容とした。

　具体的な指導方法としては、①**知覚－運動学習**：スクーター・ボードに座位、腹臥位でのせ、教師が引いたり、症児が手でこいだりする。グランド・ランニング、平均台渡り・潜り、ボール転がし・手渡し。指導に際して、"出発""もっと速く"などの、あらかじめ定めた約20語の言葉がけをする。②**言語学習**：事物の名前を聞いて絵カードを選択させる。大きい・小さい、上・中・下などの言語指示に動作で反応させる。③**排泄指導**

　成果：指導した期間は、1年9か月の期間であるが、2語文もわずかではあるが、出るようになり、要求表現が可能になった。排便は、独りで便所で行ない、紙で拭けるようになった。集団遊びでは、暴力行為がまだ、認められるが、少なくなり、紙芝居などは、最後まで坐って見られるようになり、注意の集中時間が長くなった。

第Ⅰ部　知的障害児に「生きる力」を育てる学習支援の在り方

②偶発的な音声を指示に従って発するようにした症例

　生育歴：H男、幼稚園在籍、3歳5か月指導開始。記載時、4歳8か月。家族構成は、父・母・兄2人、本児。生下時体重、3,500g、正常分娩。上唇裂、口蓋裂あり。1歳4か月までに口蓋裂手術3回。始歩2歳、両親とも養育に熱心。

　指導開始時の行動特徴：簡単な言語指示には従えるが、音声については、不明瞭な音を場面に関係なく、発する。ヨチヨチ歩きで、10cmの段差がやっと、上がれる状態である。

　発達課題：入院生活で身体を動かすことが、制限されたため、運動能力が遅滞し、また、生活経験の少なさが理解語彙を獲得させなかったと推察されたので、①運動能力を高める、②理解語彙の拡大を図る、③意識的に発声させる、を指導内容とした。

　具体的な指導方法は、①**感覚・運動学習**：トランポリン、グランド・ランニング、ボール投げ。②**言語学習**：事物の名前を聞いて、絵カードを選択。③2年目から、理解語彙が30語程度獲得できたので、発声指導を付け加えた。指導の方針としては、現在、発声できる「ア」「ウ」の音声をマイクを用いて、大きくして聞かせる。指導者の指示に従って、発声できるようにする。

　成果：運動能力の発達には顕著な進歩があり、50cmの高さの台へ上がれるようになった。集団遊びで、滑り台や、輪投げの順番が待てるようになり、自分の思うようにならない場面では、他児の服を引っ張る、顔をつねるなどの行為がみられるようになった。音声は、ミニカー遊びなどで自発的発声が増え、多少ではあるが、場面統制により、音声の増加が期待できるようになった。

③指示行動の学習により、言語の形成を図った症例

　生育歴：K男、保育所在籍時から指導。4歳8か月指導開始。6歳6か月特別支援学校入学のため、中断。家族構成は父・母・兄・本児。生下時

体重3,900g、正常分娩。始歩12か月。

指導開始時の行動特徴：多動であり、奇声をあげたり、無意味な独語を言って歩き回る。排尿は部分介助で、便所に他児がいると、絶対に入らない。視線が合わず、パンダの人形に執着。

発達課題：発声が相手を必要としない遊びになっているので、交信手段として使用できるようにするため、言語とその意味する事物・動作との関係づけを指導内容とした。具体的な指導方法としては、①**言語学習**：注視行動、事物の名前と絵カードとの対応付け、生活場面で使用頻度の高い指示語に対する応答行動。②**知覚－運動学習**。③**排泄行動**。

成果：「あける」「しめる」「ちょうだい」などの簡単な指示語に従えるようになった。保母の個人別の声掛けがあれば、長時間、集団活動に参加できるようになった。排尿は他児を気にするが、時間を見計らって連れて行くと、自分で処理できるようになった。

結語

発達課題を踏まえ、将来を見通した教育内容の選択を臨機応変に行う。発達には、効果が上がる適時性があり、タイムリミットがある。単一領域だけの指導にこだわらず、生活全体の中に位置づけて、多方面の領域も踏まえて、迫る。指導の順序は、発達課題に従うのを原則とするが、個人には、**発達しやすい領域**と、**しにくい領域**があるので、効果的な順序をあらかじめ診断する。発達を軽視した教育はあり得ない。どの段階にあるか、アセスメントをしっかり、行ない、明らかにする。また、発達課題は、教育によって大いに促進されるのであるから、途中で放棄しないで、粘り強く、努力したいものである。断念するのは、教師の力量不足と考えられるのではないだろうか。

4章
「生きる力」の育成を目指す授業スタイル

4章 「生きる力」の育成を目指す授業スタイル

1 教師中心型と子ども中心型スタイルの学習意欲に及ぼす効果

1）授業研究による比較の手続き

「**授業研究**」は、教育現場でなされる「**研究授業**」の研究手続きと同一ではない。あくまで目論まれる授業スタイルの特徴を明らかにするための客観的な手法である。従って、当初から子ども中心型授業が推奨される方法だとして肩入れするのではなく、両スタイルを対等に扱って、どちらのスタイルに望ましい効果が生ずるかを調べるのである。

そのためには、以下紹介する授業研究の比較では、教師側の個人差や指導技術差等と子ども側のグループ差をコントロールするために、2人の教師に授業をお願いして、一人の教師は、教師中心型から、もう一人は子ども中心型から、両方の授業をして頂いた。従って、等質な4学級が必要になり、人数、生活年齢、精神年齢又はIQ、および、学習主題に関する知識や技能を事前に調べて、ほぼ等しいグループを選定した。以上のような研究計画を「**交差法**」という。

指導時間の長短、教師の発言量の多少等も、効果に影響を及ぼす要因であるので、授業スタイル間でできるだけ、等しくなるように努め、表1の違いだけの効果が結果に反映するように工夫した。これらの要因は、指導計画を立てる際に時間や発言内容をコントロールすることによって、ある程度は排除することができた。

更に、授業の効果については、授業の1週間前、直後、1か月後、6か月後の4回にわたって同一問題で、調査した。また、調査内容は、授業で取り扱う事項だけでなく、応用問題、その他、授業中の態度、日常生活への活用度などまで捉えた。 両授業スタイルの典型的な違いは、表1のように表される。

109

第Ⅰ部　知的障害児に「生きる力」を育てる学習支援の在り方

表1　教師中心型と子ども中心型の授業スタイルの比較

授業の流れ	教師中心型	子ども中心型
目標・主題	教師が一方的に与える。	子どもから引き出す。
計画	教師が立案する。	子どもに立案させる。
学習過程		
ア　方向づけ	指示する。	想起させる。
イ　子どもからの援助	すぐに手助けする。	独力でするよう激励する。
ウ　子どもの失敗	指摘し直させる。	気づかせ、ヒントを与える。
評価	教師が評価する。	子どもと相互評価する。

2）図工科「はり絵の指導」

　対象児：小学校支援学級4学級に所属する32名である。その内、2学級は子ども中心型群（生活年齢の平均11.6歳、精神年齢の平均7.1歳）と、他の2学級は教師中心型群（それぞれ11.3歳、7.3歳）とに分かれて、授業を受ける。生活年齢と精神年齢とも統計的見地からみて、両型間に差はなく、同程度と捉えられる。

　主題と内容：はり絵「さかなの遊泳」で、さかなが「ひとつにかたまって」または、「いくつかに分かれて」話し合いながら泳いでいる仮想的場面を表現させる。なお、1時間取り扱いとして授業を行う。画用紙、さかなの型紙、糊を直前に配布する。

　指導計画：表1の授業スタイルの違いが明確に表されるような指導計画を、主題の確認・イメージ化、はり絵作業、まとめの流れに沿って作成する。

　効果の測定：主題の把握程度、作業後の感想は決められたことばで質問する。授業中のことば、動作は、決められた観点から記録しておき、後で回数を数えたり、カテゴライズしたりして、整理する。

　結果：教師の発言内容を「求める」「与える」「確かめる」の3視点からカテゴライズすると、図1のようになる。「求める」「与える」の両発言カテゴリーに授業スタイルの違いが顕著に表れている。はり絵作業に

入る前、聴取した主題の把握程度、それと終了直後に聴取した把握程度との一致度は、図2，3に見られるように、どちらも教師中心型が優れている。子ども中心型は、主題の決定やそのイメージ化を子どもたちに自由に話合わせて引き出すスタイルであったため、焦点化ができにくく、あいまいにしてしまった傾向が伺える。

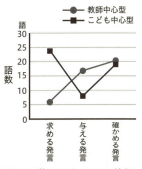
図1 導入における4教師の発言内容別平均語数（10分間として換算）

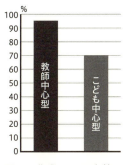
図2 作業に入る直前、聴取した主題の正答率

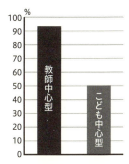
図3 作業終了直後、聴取した主題の正答率

はり絵作業中、"先生、どうしたらいいの""これからどうするの"などと援助を求めたり、指示を仰いだりする発言や動作は教師中心型に多い。また、作業中、他児の作品を見てまねる子どもも教師中心型に多い。子ども中心型は、初めに決めた主題と一致しない作品を作る傾向はあるが、教師や他児に頼らず、自分だけで思ったままを作っている。授業終了後の満足度はどちらの型も大多数が満足しており、優劣がつけにくい。

3）理科「磁石の実験」

対象児：小学校特別支援学級に在学している4学級27名である。この子どもたちが2学級ずつに分かれて、子ども中心型（**発見型**）群、（生活年齢の平均11.2歳、IQの平均61.6）と教師中心型（**説明型**）群、（それぞれ、10.7歳、64.3）に分かれて授業を受ける。生活年齢、IQとも両

第Ⅰ部　知的障害児に「生きる力」を育てる学習支援の在り方

郡間に統計的にみて差はない。NとMの2名のベテラン教師が授業をする。

表2　下位題材

時　　間	題　　材
第1時	**魚つり** －ひきつけるもの、ひきつけないもの－
第2時	**花と蝶** －磁石と磁石－
第3時	**雲とロケット** －磁石と鉄の間（空間）に物を入れる－
第4時	**高速道路と自動車** －磁石を使ったおもちゃ－

表3　両授業スタイルの授業過程の区分

発見型	観察 （不一致情報）	予想・計画	実験・検証 （原理発見）	生活化	まとめ
説明型	観察 （調和情報）	示範 （原理説明）	実験、確認	生活化	まとめ

表4　授業者の発言カテゴリー

番号	カテゴリー		番号	カテゴリー
1	知識を与える。		6B	質問する。（課題意識をもたせる）
2	ヒントを与える。		7A	考え方を受容する。
3	方向づける。		7B	行動を受容する。
4	指示する。		8A	考え方を拒否する。
5	確認する。		8B	行動を拒否する。
6A	質問する。（単純な判断を求める）			

　主題と下位題材：4時間取り扱いであり、「磁石の性質」を主題にして表2の下位題材で指導する。

　指導計画：今回の理科は、課題解決学習のスタイルであるため、ブルーナー,J.S.（Bruner,J.S.）の提唱する発見学習のスタイルに基づいて、表1を再構成し直す。表3が両スタイルの違いである。**発見型**が子ども中心型に、**説明型**が教師中心型にほぼ、対応すると理解してよい。

4章 「生きる力」の育成を目指す授業スタイル

効果の測定：授業前、授業直後、1か月後、6か月後の4回、同一問題で調査する。調査する事柄は、授業から直接、獲得される知識、応用能力、観察段階の態度、発言その他である。

結果：先ず、教師の発言内容を2つの授業スタイルについて、比較してみよう。表4のカテゴリーで分類することにする。その結果、「2」「6B」「7A」が発見型に「1」「5」が説明型に多い。これは明らかに両授業スタイルの教授法の違い、即ち、**前者「引き出す」、後者は「与える」仕方**が反映していると言えよう。

観察段階で発見型に疑問が生じたかどうかをみたのが、図4である。

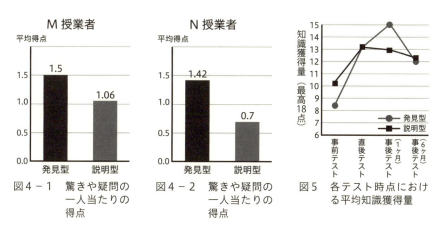

図4-1　驚きや疑問の一人当たりの得点

図4-2　驚きや疑問の一人当たりの得点

図5　各テスト時点における平均知識獲得量

得点は3点が疑問の度合が高く、2点が中位で、1点が聞いてはいるが、無表情、0点が参加していないである。明らかにN, M教師とも**発見型に疑問**が生じている。これは課題意識の持たせ方による違いである。授業直後の**知識に関する成績（習得度）**は、多少ではあるが、**発見型が高い**。1か月後の**記憶は発見型が顕著に優れている**。しかし、6か月後になると、両授業スタイル間に差がなくなっている。

1か月後に発見型が向上した原因を各テスト問題にさかのぼって検討してみると、事前テストで誤答であり、直後テストでもやはり誤答であった問題が1か月後のテストで正答にかわっているケースが発見型に多く

113

第Ⅰ部　知的障害児に「生きる力」を育てる学習支援の在り方

生じたことによる。なぜ、このようになったかは、授業後、ある子ども
は母親にねだって磁石を買ってもらっているし、他の子どもは日常生活
の中で磁石の使ってある家具などの製品、例えば、冷蔵庫の扉や筆入れ
の留め金の働きに関心をいだくようになったことなどによって説明がで
きよう。

　子どもたちの発言について、特に主題と関係のある自発発言だけにし
ぼって両型を比較してみると、**発見型**は1時限目より２，３時限目で**自
発発言が増加**している。また、４時限目のおもちゃの作成中にどの程度、
他児の制作過程を模倣したかを調べたところ、両型に差は認められない。
これは前述のはり絵活動とは違う結果である。

2 実生活に結びつく個が生きる授業作り

1）積極的な学習活動を引き出す教師発言の見直し

　授業は、**教師と子どもとの相互作用**で成り立っており、教師が主導権を取ると、子どもは受け身になり、教師が受容的態度で接すると、子どもは自発的、主体的に活動するものである。**H特別支援学校**の小学部1年（4名）の朝の会について、教師と子どもとの交信行動をE子にしぼって細かく分析してみると、**E子は、対人関係が成立しにくい、話ことばがない**、理解語が少ないにもかかわらず、教師の発信方法はことばに限られ、89.3％も話しことばで話しかけている。また、交信行動を機能の側面からみると、教師の接し方は、：禁止26.8％、指示・要求66.1％を合わせた**伝達的内容が92.9％**であるのに対して、E子の受信行動は、拒否的26.2％を含む**応答的内容が40.5％**、それに何となく表情や行動で気持を表す**情報的内容が57.1％**、伝達的内容がわずかに2.1％であった。**教師の過剰な伝達的内容**がE子に応答的仕方を誘発していることが分かる。

　そこで、筆者らは、担任教師にE子の**情報的内容を受容また激励するなどの応答的仕方**で接してみたらどうだろうかと助言した。そうすると、その後の第4回目の朝の会をみると、教師の接し方は、依然として伝達的内容が、56.1％　残存しているが、応答的内容が43.9％に増加した。それに伴って、E子の反応は、伝達的内容が25.0％に増え、応答的内容が22.0％と激減した。

　教師の接し方が**受容的、応答的**になると、子どもの行動は、**自発的、伝達的**になることが確認できた。このような教師中心の交信関係が短期間ならまだしも、5年間も10年間も続くとなると、完全に子どもの性格は、**受容的態度**が身に付いてしまうことは言うまでもない。

　以上をふまえて、子どもに**意欲的な交信行動を育てる対応の条件**を整

理してみると、

①子どもからの発信行動を受け止める。

②教師からの要求・指示的働きかけは少なくする。

③些細な発信行動をも見逃さない。

④誘発的働きかけは多くする。

⑤言語的働きかけは少なく、動作的手段を多くする。

2）将来生活を見通す直接体験学習

米国では、近年（1990年頃）、障害者の雇用状態が著しく落ち込み、50～80％が定職がなく、その上、多数の退職者がいると言われる。その原因は、経済不況にもよるが、障害者が職場ですぐに役立つ知識や技能を保持していないことも挙げられる。このような由々しき事態を解消するために、学校から企業までの一貫教育、即ち、**トランジション（transition 移行）を図る教育**が推奨されるようになった。その中核にあるのが、「**直接体験学習**」の導入である。

カリフォルニア州のトランジション教育の段階を説明すると、第１段階は、A.D.L.（日常生活動作）が主たる内容であり、**I.E.P.（個別教育プログラム）**を作成して、幼少期から着実な指導がなされる。第２段階は、将来にわたって必要な内容（critical skill, **クリティカル・スキル**）が**直接体験学習**を介して指導される。例えば、交通信号の見方、スーパーマーケットでの買物の仕方などである。

第３段階は、通常児と分離しない**統合的環境**の中で教育がなされる。最終段階は、就職する**職場での実体験学習**ということになる。その中には、職場に行くバスの乗り方や賃金の使い方なども含まれる。校外に出かける割合は、6歳時点が10％、12歳時点が50％、15歳時点が75％であり、次第に多くなる。とにかく、就職を射程に入れた小学校からの一貫教育がなされる。

K肢体不自由特別支援学校[1] でも、直接体験学習を総合学習の核と

して導入している。肢体不自由児は、家庭でも、学校でも、過保護に取り扱われ、しかも、障害の特殊性から直接体験する機会が少ないため、**生きた生活力**が育っていない傾向にある。K支援学校における直接体験学習の条件を挙げると、①指示・介助は、出来るだけしない。②失敗させ、打開の方法を考えさせる。③類似の体験を反復させる。④安全面には特に注意する、の４条件である。

　総合学習「はがきをだそう」について、実践の一端を紹介しよう。

　①対象児は、小学部15名、指導者4名。②単元の目標は、「はがきを書いて、出せるようになる」。

　③指導時数は、50時間。④**指導計画**は、第1次：郵便局って何するの。**第２次**：はがきを書いてだそう。**第３次**：はがきを作ろう。この間に校外に出かける回数が６回。はがきをもらう、書いて出す、作る、すべて**実体験学習**である。

　筆者は、第２次の内の「はがきを出そう」の授業を参観した。３グループに分かれ、それぞれが、独歩、ウオーカー、つえ、車椅子、木馬などの可能な移動手段で出かけた。往来には自動車が頻繁に走っており、学校の廊下をのんびりと移動しているような訳にはいかず、危機的状況であった。途中、はがきを落として気付かないで、進む子もいた。

　しかし、教師は**最少限度の介助**だけに留めた。勿論、教師は、はがきを拾っておき、帰校してからの再指導のきっかけにしたが……。このような体験学習を介して得られた成果は、はがきがだせるようになったこともあるが、それ以上に日常生活で大切な「**安全に注意**して道路が渡れるようになる」ことである。

３）個が生きる授業の核となる学習意欲

　新しい学習指導要領の改定の趣旨の1つに、「基礎・基本を重視し個性を生かす教育の充実」が挙げられている。この主旨は、数年来、教育現場では、「**個が生きる授業**」というテーマで、研究されてきた（※補説

加筆）。1960年頃から1970年代にかけては、「**個に応ずる指導**」つまり、綿密な実態把握の結果をふまえた個別・小集団指導の実践研究が主流であった。即ち、**能力差のある子どもを能力別編成**して、対応した指導をすれば、落ちこぼれが生じず、効率よく成果が上がることを目途にしており、根底には**教師中心的発想**があった。

　新しく遡上した「**個が生きる授業**」は、個人が集団に支えられて、集団にもまれて学習するという意味であり、子ども同士の学び合い、つまり、子ども中心の発想が根底にあった。そこで、個が生きる授業を浮き彫りにするために、反対に「**個が無視される授業**」を想定して、考えてみよう。第1に、集団活動の中に位置づいているという確かな自覚が子ども自身になく、一緒に学習したという満足感がなく、集団に所属しているという存在感が生じないことが挙げられよう。第2に、常に教師の指示待ちで、言われる通りに行動し、主体性が認められない。

　実は、教育現場には、このような**個が生きていない、無視されている授業実践**がたくさん、存在しているのではないだろうか。しかも、その由々しき事態に気付いていない教師さえいるのではないだろうか。今こそ、**生きた生活力に結びつく授業**は、どのように構成し、実践に移したらよいのか、その要にある学習意欲は、どのように取り扱えばよいのかを真剣に考えるときではないだろうか。

【補説】

　現行の学習指導要領は、小学校が2008年、中学校が2009年に改訂され、特別支援学校もそれに準じてなされた。その改訂の趣旨として、「主体的、対話的で深い学びの教育」が挙げられている。更に、「対話的」とは、「他者との協働や外界との相互作用を通じて、自らの考えを広げ、深めること」と解説されている。筆者が強調する「個が生きる授業」の実践は、今日、ますます、重要視されるようになったと言えよう。

【引用文献】

1）北九州市立北九州特別支援学校　北九州市立特別支援学校研究紀要「児童・生徒の特性に応ずるための確かな指導はいかにあるべきか」,1988.

4章 「生きる力」の育成を目指す授業スタイル

3 個別指導、及びグループ指導の特徴を活かした授業スタイル

1）個別指導の特徴を活かした授業スタイル

①個別化とグループ化の捉え方の違い

指導の個別化とか、グループ化とは、個人、もしくは集団のどちらかに重点がおかれて指導がなされているということであり、個人に置かれていれば、個別化である。このような重点の置きどころは、学習集団の大きさによって、規定される側面がある。学習集団が個別指導のできる限界を超えて大きければ、集団に対応するだけで、精一杯であり、グループ化になってしまうが、反対に指導の対象が1人であれば、勿論、集団活動を介しての指導ができないのであるから、当然、個別化にならざるを得ない。しかし、本来は、教師の学習集団への関わり方から判断すべき筋合いのものであろう。

いくら、グループが大人数であっても、教師が集団の中の個人を重視して指導するのであれば、個別化の範疇に入れるべきであり、集団規模は小さくても、集団のまとまりを重視して対処するのであれば、グループ化といえよう。

本項では、3つの典型的な型について、優れた特質や、批判されるべき欠点、更に、指導の仕方などを述べたい。初めに、個別化の典型として、個人だけにかかわる指導の仕方を取り上げ、次に個別化でもグループ化でもどちらによる指導もできる集団の大きさではあるが、比較的、集団に焦点を合わせて、対処する仕方を、最後に、どちらでも指導できる集団規模ではあるが、特に個人にウエイトをおいて取り扱う仕方を概説しよう。

119

第Ⅰ部　知的障害児に「生きる力」を育てる学習支援の在り方

②個別指導の長所

　知的障害の程度が重くなればなるほど、個別指導を行う以外に方法はない。その理由の第1は、能力差が大きいため、学習課題が各人まちまちであり、それに加えて1単位時間で習得できる知識や能力の範囲が少ないので、所属集団に共通した学習課題を設定するのが難しいからである。通常児では、少々の難しさは却って、学習意欲を高める原動力になり、易しすぎればそれを発展課題と捉えて、学習してくれる。知的障害児は、わずかな難しさでも、課題を放棄してしまい、易しすぎれば、既に知っている課題として取り組んでくれない。第2は、**心理的・身体的個人差**が大きい点である。多動傾向、自閉的傾向、その他、肢体不自由、言語障害など、障害の様態やその程度が各個人により、異なるので集団として学習することが難しい。特に集団活動に参加できにくい子どもについては、集団の1員として接することが困難であり、どうしても個別指導にウエイトを置かざるを得ない。第3の理由は、毎時間の**指導内容**を明確にして、計画的・集中的に指導しなければ、効果が望めないという問題である。集団活動を中心に指導すると、一人ひとりの取り組みが目立たなくなり、個人に還元される学習課題は、取り扱いにくくなる。以上が個別化でなければ難しいと言われる理由である。

③個別指導の短所

　個人を重視した個別化にも批判される**問題点**が見出せる。一般に、知的障害特別支援学級は通常、数名の該当児が在籍している場合が多いが、仮に1学級1担任として複数の子どもがいると想定すると、特定の子どもだけへの個別指導は、同一時間帯では、他の子どもへの教育的配慮を乏しくさせることにつながる。個別指導が徹底的にされればされるほど、残された子どもへ教師が接触する機会は少なくなる。筆者が参観した支援学校の研究授業でも、残された子どもへの積極的な配慮がなされていなかった。また、残された子どもは個別指導を受けている子どもの邪魔にならないように"静かに遊んで順番を待っている"といったいわゆる「**病**

4章　「生きる力」の育成を目指す授業スタイル

院の待合室で要求される行動」が強要されていることになる。これらは感心した話ではない。

　他の問題点は、個別化による指導を通して**社会生活への参加能力**が獲得されるかどうかである。教師と1人の障害児との関係は、相互に許し合える、上下の関係である。社会生活で要求される能力は、わがままが通らない、対等の関係での厳しい処し方である。このような能力は、教師対一人の障害児という関係では獲得されにくい。また、個別化による指導では、**学習への意欲が高まりにくい**ことも問題点であろう。個人別に作成されたプログラムに従って学習していくことは単調になりやすく、飽きてしまいがちになる。

2）グループ指導の特徴を活かした授業スタイル

①グループ指導の長所

　学習は、所詮、**個人の主体的活動**の過程である。指導は、その過程を方向づけ、促進させる働きかけである。従って、本項では、集団活動を中心に、個別学習を促す仕方の長所や、批判される点を概括してみよう。**集団作用**は、実に個人の学習意欲を喚起させるのに効果的である。例を挙げると、重度・重複障害児から成る**K特別支援学校**で朝の全体活動として、プレイルームでリズムに合わせて歩いたり、身体表現をしたりする活動を毎日、継続して進めたことがあった。子どもたちの大多数は、他児を認知して集団行動に取り組もうなどと意識化することができない重度障害児である。それにもかかわらず、比較的軽い障害の子どもたちが教師と手をつないで歩き始めると、介助を必要とする子どもたちが教師に支えられて、歩こうとするし、歩行のできない子どもたちも、腹這いでそれに加わろうとする。また、それさえできない重度の障害の子どもたちもそれなりの体勢で身体を動かし始め、実に全体が一つの大きな渦の感を呈した。ある日、一人の子どもがその渦からはみ出ようとするので、同席した医者が心拍数を測ってみたところ、通常児が100mを全

第Ⅰ部　知的障害児に「生きる力」を育てる学習支援の在り方

力疾走した位の負荷がその子の心臓にかかっていたそうである。このように集団作用は、個人の活動意欲を高める働きがある。

　障害児、教師、示範児（モデルになる子）の三者関係による観察学習も言語学習などでは、非常に効果的な方法である。これなども集団作用の促進効果を活用したものであろう。例えば、絵カードを呈示して、障害児にその名前を言わせる。それが言えない場合は、示範児に呈示して障害児の面前で言わせる。示範児が正しく答えたら、教師はもう一度、その回答を反復しながら、頭をなでるなどして、褒めてやる。それを見て、障害児も褒めてもらいたいと思うあまり（**間接強化**）、熱心に絵カードに描いてある事物の名前を言おうと努力するようになる。

　グループ化にウエイトをおいて、指導する方法の他の利点は、**集団生活への参加能力**が習得されることであろう。知的障害教育の目標の主要な一つは、「**社会生活への適応能力の育成**」である。身辺自立、集団生活への参加、社会生活の理解、経済的自立は、すべて、社会生活の適応の目標に還元されると言ってもオーバーではない。集団生活への参加能力は、その中でもっとも重要な柱の一つであろう。学校教育によって獲得できた知識や能力が、実際生活の場で活用できず、役に立たなかったとすれば、それは全く、意味をなさない。知的障害児の特性の1つに生活化する能力の欠陥が挙げられる。できるだけ、集団の中で集団生活に必要な知識や能力を指導することが、生きた力になり得る条件であろう。

　チーム学習は、このような見地に立って、構築せれたものである。チームを2名1組で編成し、もちろん、3名以上の場合もあり得るが、その単位を基に指導する。チームの2名は、常に座席を隣同士にして、学習活動も一緒に行う。例えば、食事前の手洗いでも、お互いにきれいになっているかを確認し合い、食べ始めるなどである。また、他のチームと競争するときもある。このような仕方で諸活動を進めていくと、相手を意識し合って助け合い、連帯感が深まる。以上はグループ化に対する肯定的な側面である。

②グループ指導の短所

　他方、グループ化にも、**批判されるべき問題点**が見出せる。先ず、個人に関係する指導のポイントが定まらない点である。前述したように、知的障害児からなる学級は、一般に知識や能力差が大きいのであるから、同一時間、同一場所、同一指導内容に基づく授業では、各人の学習課題をすべて網羅して、指導することが難しい。また、子どもの側から言えば、個人に即した指導内容の配列に従って、指導するのが望ましい場合もあるが、このような**個人プログラム**をグループ学習の中へ持ち込むことは、到底、不可能である。

　各人の指導のポイントに合わせた取り扱いを手際よく行うことは、ベテラン教師であろうと神業に等しい。従って、グループ学習では、一人ひとりの指導内容が十分に確認できないのであるから、それを習得できたかの**評価は難しい**。ともすると、「骨折り損のくたびれ儲け」になりかねない。授業が終了した後、各人の学習課題の達成度について、指導者に伺うと、結局、「何もしなかった」という悔いの念だけしか残らない。

　近年、**集団の効果**を重要視するあまり、とにかく、知的障害児を集団に入れて、同年齢の子どもたちと関わり合いを持たせれば、伸びるであろうという発想があるが、それから得られる効果について、全く否定はしないが、最大限の発達を期待するためには、まだまだ、検討しなければならない条件がたくさん、あるように思う。グループ化による指導は、集団構成の仕方や取り扱い方など次第で、**劣等感や硬さ**を生じさせやすくする点が問題である。チームとの競争をあおると、チーム内の子ども同士の助け合いがスムーズに遂行されている間はよいが、1人がチーム間の競争についていけなくなり、チームの勝利を低下させるようになると、他のメンバーからの強制力が加わるようになり、**チームへの不適応**が生じる。また、別の問題として、グループ化は集団による学習を中心に進めるのであるから、それについていけない子どもが無視されたり、妨害する子どもはきびしく統制されるなどの一方的な処遇の仕方になりやすくなる短所も見出せる。

3）グループ指導と個別指導を併用する授業スタイル

①グループ指導と個別指導を併用した授業スタイル

　知的障害特別支援学校・学級では、数名を一緒に指導して、その中で特定の個人に対応していく仕方が、多く見受けられる。それは個別化的取り扱いとも言えるし、集団の機能を十分に活用するのであるから、グループ化とも言える。とにかく、両型の取り扱いの長所を併用させた方法であろう。この型についての特質すべき長所や批判されるべき問題点は、前述した2型に言いつくされているので、ここでは、**望ましい両型間の関わり合いの持たせ方**だけについて述べてみよう。

　先ず、**第1の関わり合いの持たせ方**は、まとまった単元を進める中で、個別指導に重点をおく学習場面や集団で学習する機会などを組み合わせる仕方である。**滋賀県立八日市知的障害特別支援学校の「キャンプをしよう」**という生活単元学習もこのような発想でなされている。学級単位、または中学部全体で活動する機会が作ってあり、個人別に指導する時間帯が構成されている。このような進め方には、教師間のチームプレイが余程、うまくいかないと失敗に終わる可能性がある。八日市特別支援学校では、このチームプレイがスムーズであったため、成功裏に終わっている。

A：学級扱い（学級単位）　B：合同扱い（中学部全体）
C：課題別扱い（班編成）　D：個人別扱い（能力別編成）
図1　グループ編成と単元の流れのモデル（滋賀県立八日市特別支援学校）・一部修正

　もう一つの関わり合いを持たせる方法は、授業の流れの中で個別化とグループ化を要領よく使いこなす仕方である。「**達成目標**」を学習集団のメンバーを対象とした**共通目標**だけに留めるのではなく、個人の知識

や能力に合わせて個人別に設定する**個人目標**を明確にする。といっても、各人がまちまちの目標であれば、余程のベテラン教師でない限り、それを記憶していて、多様な場面に応じて器用に使い分けて指導することは、不可能である。

　解決策としては、一つの指導内容を難易度とか、指導段階に従って、2つか、3つ程度に区分し、それに該当する子どもを割り振って目標を作成すれば、多少は取り扱い易くなる。**第3の関わり合いを持たせる方法**は、個人の知識や能力のレベルに即して、別々の目標を設定することである。これも各人がばらばらであれば、指導する側も混乱してしまうので、グループ別に設定するとか、数人だけに焦点を合わせて、**特別目標**を決め、他の子どもは、共通目標だけに留めるなどするのが望ましい。

②授業の流れの中で個別指導を行う方法

　授業の流れの中で各人の目標の難しさのレベルを変えるのも一つの関わり合いの持たせ方である。一般には、「**通過率**」の形で取り扱われている。導入段階の課題意識を持たせる内容は、全員が分かってくれないと、その後の授業が進行しないので、その内容が一番、理解できないと判断される子どもを指名して、確かめて、その子どもが分かっていない場合には、もう一度、遡って繰り返し説明し、とにかく、全員に理解させる。また、必ずしも全員が習得していなくてもよい、**半数の子どもが分かっておればよい**と思われる発展的な課題では、通過率50％であるので、中位のレベルの子どもに指名して確かめるなど、一定水準の通過率を決めて、該当する子どもを指名して確かめる。

　他方、学習集団のメンバーをどう構成するかを工夫することも、一方法である。集団の編成の仕方次第では、個別指導がしやすくなるし、また、集団での学習が出来やすくなる。常に自然集団というか、異質集団だけが、適切であるという捉え方は、望ましくない。学習目標や内容、個人差、障害の程度などを総合的に判断して、個別学習にするか、グループ学習または両方、併用するかなど、効果的な構成を工夫すべきである。

第Ⅰ部　知的障害児に「生きる力」を育てる学習支援の在り方

結語

　個別化にしても、また、グループ化、あるいは、その併用型にしても、長所もあれば、短所もある。どれか一つだけでよいというほど、万能ではない。すべてが必要である。上述した3種類の型には、それぞれ、お互いに異なる活用の場がある。先ず、学習目標についてみると、知識や特定の能力の獲得を狙うか、社会性を狙うかにより、グループ化の仕方が分かれる。次に指導内容について言えば、解答が一つに決まっているような思考が求められる内容では、個別化による指導が望ましいし、多様な思考を可能にするような拡散的思考が要求される内容では、グループ化による指導が望ましい。

　個人の障害の種類、程度からみると、障害が各人各様に異なっていたり、集団から離脱する子どもがいたり、また、程度が重かったりすれば、どうしても、個別化によらざるを得なくなる。このように、指導目標や内容、個人差などから、メリット・デメリットを考慮して、どの指導型が望ましいかを決定する。

【引用文献】
滋賀県立八日市特別支援学校の集団編成の図、及び実践については、田口則良編著「ちえ遅れの子の学習意欲を高める授業の実際」北大路書房,1978年刊．（絶版）．

4章　「生きる力」の育成を目指す授業スタイル

4　子ども自身が行う自己評価活動の導入

1）求められる人間像

①スポンジ・ヘッド的人間の限界

　子どもの生活空間は、科学の発達や社会情勢の変遷に伴い、急速に変化しつつある。10年後の生活空間は、おそらく、情報機器等が益々、開発され、国際化が進展していくであろうから、到底、どのように変化しているか想像できない。現在でも、学校で習得した知識や技能が将来生活でそのままでは全く通用しないほど、様変わりしてきている。その上、日常生活を過ごす上で必要な基礎知識や技能は、おびただしく増大し、すべてを学校と言う限られた時間と空間の中では習得しきれないほどになっている。

　20世紀は、**スポンジ・ヘッド（sponge head）的能力**の持ち主の人間が大切にされた。指導される内容がすべて、頭の中にスルスルと抵抗なく入っていき、いったん緩急の際には容易に想起され、使用できる人間のことである。確かに、変遷の緩やかな時代にあっては、憶えた知識や技能がそれ程、修正を加える必要はなく、使用できるのであるから、スポンジ・ヘッド的人間で十分間に合ったであろう。しかし、現代のような移り変わりの激しい生活空間になると、直面した課題に応じて縦横無尽に修正して、活用できないのであれば、不都合な事態が多くなり、混乱することになりかねないのである。とは言っても、入試などになると、得てして、このような能力の持ち主が優位に立つ風潮は、依然として残ってはいるが、徐々にではあるが、新しい時代に期待される能力・態度を重視する傾向に変わりつつあることは、否めない。

127

②コンピテンスの提唱

ホワイト（White, R.W.,1959）は、新しい時代を見通し、変化する社会に生き抜く人間の資質として、**コンピテンス**（competence）と言う概念を提唱した。コンピテンスとは、「**生活空間と主体的に相互作用を持つ能力（capacity）**」と定義される。筆者は、この概念を満足させるには、2つの条件の達成が望まれると考えている。**第1の条件は**、既に憶えている知識や技能を生活の中で、たやすく、想起して活用できる能力である。**一般化、生活化の能力**とも言われる。**第2の条件は**、新しい課題に出合い、何らの知識や技能も持ち合わせていない場合、自分なりに、打開のための方策を立て、解決までに至らせる能力・態度である。以上の2条件を含む知識・技能・態度を総称して、「**自己実現力**」とか、「**自己教育力**」とか、多少のニューアンスの違いはあるが、名付ける場合もある。

一体、コンピテンスは、どのような教育活動を通して、習得されるであろうか。**ランケル**（Runkel,P.J., 1958）の**情報フィードバック・サークル**を説明しよう。教育活動は、始めと終わりのないサークルであり、目標の設定、それに基づく教育計画、そして、指導実践、最後の評価と続き、それは、また、目標の設定へと結びついていくと捉えられる。この一連のサークルの内、ランケルは、特に**評価の視点**を重視する。指導過程の中で、意図した効果が挙げられなかった場合には、目標や教育計画の再検討が必要であろうし、また、指導の仕方についても、反省が求められよう。即ち、教師が子どもに働きかけた反作用として生じた子どもからの情報に基づいて、指導は調整されるというのである。これについては、**カリキュラム評価**、また、**形成的評価**なる用語が使用される。

以下、コンピ－テンスの効果的習得について、説明しよう。

２）評価活動の２タイプ

①教師が行う評価活動
　ブルーム（Bloom,B.S.,1971）が提唱した**形成的評価**は、狭義には、**1単位時間内**での指導過程の評価活動であるが、広義には、単元や題材、また、全教科・領域を統合した**1学期間**、また、**年間を通した教育活動のプロセスにおける評価**とも言える。即ち、1単位時間内での本時の目当てが適切であったかどうかの評価は、当面の**本時の目当ての評価であると同時に、次段階の新しい目当て設定のための評価**とも考えられる訳で、前時の目当ては、易しかったから、少し、難しくしようなどと言うように、形成的評価とも言える。ランケルの情報フィードバック・サークルに沿って、評価活動を捉え直してみれば、**レディネス評価（診断的評価）、カリキュラム評価**、そして、**形成的評価、総括的評価**となり、それは、そのまま、次段階のレディネス評価となり、際限なく続いていく。このサークルを、更に大きな教育活動の1道程と考えれば、全体が評価の1過程と捉えられる訳で、すべてが、形成的評価とみなされることになる。
　筆者がここで強調したいのは、これらは、教師自身が自分の反省材料として行っていた評価活動であり、教育の成果をすべて、子どもの能力の欠陥や努力の足りなさに原因があるとしていた1945年頃までの評価とは隔世の感はあるにせよ、前述した**コンピテンスの資質を体得させる子ども自身が行う評価活動**にいたるまでには、ほど遠いと言わざるを得ない。とは言っても、筆者は、子どもの反応をふまえて、教育活動を調整していく教師の評価を軽視している訳ではない。それ以上に、これから述べる**子ども自身で行う自己評価活動**とが、**評価活動の両輪**となり、教育活動の中で統合されるとき、**コンピテンスの資質を育てる最高の効果的な方法**になると思う。

②子どもの行う自己評価活動

　1970年頃から新しい時代に耐えられる人間の育成が急速に求められるようになった。**自己実現力**とか、**主体性、自己教育力**などが小・中学校の校内研究会のテーマとされるようになった。即ち、**子ども自身の自己評価**に頼らなければ、変化する新しい時代を乗り越える能力は習得されないという考え方に変わってきた。「**指導**」と変わって、子ども自身が活動する「**学習**」、それを支える教師側の働きかけを「援助」の用語が、しばしば、誌上に現れるようになった。また、**学習過程**は、子ども主体の課題（直観）の意識化、それに基づく仮設の設定・計画立案、追求活動、最後の反省、それを踏まえての当初の課題や計画の見直し、高められた課題や計画の設定と続くサークルとして表われることが多くなった。即ち、教師中心としてではなく、**子ども主体の活動**として捉え直してみる、まさに、**発想の転換**であった。1975年頃までに教師中心の授業では、教育効果は、結果重視で把握され、指導のよし悪しは、終末評価で決定された。それに対して、新しい子ども主体の授業では、**子ども自身が課題を決めて取り組み、それをいかに追求して結論を得るか、その仕方（ストラテジー）**に重点がおかれるのであるから、**過程重視**となる。子どもが主体的に課題を選択し、それを追求していく方策を立て、根気強く追及していく思考スタイルの体得が大切にされるのである。

　評価についても、教師中心の評価ではなく、子どもが主体的に行う「**自己評価**」ということになる。課題の意識化においても、自分の能力を的確に評価・認知し、それに合致した課題の選択が大切になろう。また、追求過程での自己評価活動、いわゆる**フィードバック（feedback）活動**が重視されるべきである。追求過程において、間違っていたことに気付けば、もう一度、仮設や計画、追求方法などを考え直して修正するし、これでいけると思えば、自信をもって、そのまま、続行するというような評価活動である。

　特に強調したいのは、コンピテンスを獲得させる方法は、子ども主体の学習であり、評価活動であるから、教師は、手をこまねいて見ておれ

4章 「生きる力」の育成を目指す授業スタイル

ばよいというような意識になりがちであるが、それは見当違いであるということである。新しい課題を処していく能力は、子どもたちに**どのように取り組ませ、追求させればよいかの追求スタイル**を工夫しながら教育することが要請される。単に放任して、子ども任せにしているだけでは、絶対に身に付かないと思う。その意味合いから、前述した**教師の行う形成的評価**を中心とした評価活動に裏打ちされることの必要性が生じてくる。

どのような自己評価活動がなされたかを教師自身がとらえる方法として、安彦忠彦氏（1992）は、授業終了時に子どもに自由記述させる「**文章法**」を提唱する。氏によれば、毎時間繰り返して行っておれば、要点筆記が定着するようになり、それ程、負担を必要とせず、できるようになるという。類似した発想として、授業のプロセスにそって、いくつかの観点を定めておき、記述させる**一部制限する方法**も、教師が不慣れな段階では、適切であるかもしれない。とにかく、**自己評価活動**の捉え方については、これからの研究に負うところが大である。

3）評価活動の条件

①集団のフィルターを通すこと

習得した知識や技能は、社会、つまり、**集団の中で使用する**ことになるのが一般的である。従って、いくら、努力して得た知識や技能でも、集団の中で使用することに躊躇して、使用できないのであれば、学習しなかったことに等しいと言わざるを得ない。集団の中で、ものおじしないで、積極的に使用できることが**真の生活力、コンピテンス**である。

その意味合いでは、独力で学習して得た知識や技能は、もう一度、集団の中へ提示し、友だちの反応を見て、正しいか、間違っているかを判断し、確かめてみることが肝要である。一般に、より妥当な、信念にまで高められた知識や技能は、**集団思考の中で**、対立する意見などが提起され、もまれ、もまれて形成される。従って、**失敗体験**を恐れてはいけ

ない。独りで習得した結果は、集団のフィルターを通してみると、間違いや勘違いが多いはずである。このような場合、自己の能力に限界を感じたり、挫折感を抱いたりするであろう。しかし、これらの体験は、適切な要求水準を確立させ、**無理のない自己認識**を持たせるために役に立つ機会となる。

成功体験だけをたくさん経験した子どもは、自分の能力を法大なものと評価し、到底、解決できない課題をたやすく、できると勘違いして、失敗を繰り返し、自信を無くし、劣等感を抱くことになってしまう。従って、常日頃、成功、失敗体験を繰り返し経験させて、**正しい自己評価・認識**をもたせる必要がある。他方、人間は社会的存在であるので、自分の集団参加の仕方について、友だちの反応を通して、適切であったかを評価する習慣も付けさせておくことが望ましい。修正するところがあれば、素直に正していく心の大きさが求められる。

②肯定的自己評価活動

現在、「個が生きる授業」が、クローズアップされてきた機運の1つに、教育活動の中に、自分の登場する場、活動する場が全く見出せず、友だちからも、教師からも無視されており、**存在感を持っていない子どもが多数、見受けられる**ことによる。近年、非行の低年齢化傾向が挙げられ、弱いものいじめ、怠学、盗癖、喫煙などの発生件数が増大しつつある。また、神経症的傾向から生じる不登校、チックなどの不適応行動を持つものが多い。これらの発生原因の第一は、上述した**学校生活に存在感を持っていない**ことによる。

教育活動の多くは、集団でなされるのであるから、各個人は集団の1構成員として、その中にしっかり、位置づいており、教師や友だちから十分に認められているという満足感を持っていることが大切であろう。そうすると、情緒が安定し、無理のない自己評価が可能になり、ひいては、学習意欲を高める原動力になり、進んで集団の中で活動したいという動機づけともなろう。不幸にして、**存在感が持てない学習集団**にいな

４章 「生きる力」の育成を目指す授業スタイル

ければならない場合、単に自分をとことん、追い詰めて、みじめにして
いく**否定的自己評価**の仕方ではなく、難しいだろうが、自分以上に困っ
ている人間の存在を知ったり、また、自分の優れた側面を意識的に再認
識したりして、何とか打開していく方策を前向きに考える**肯定的自己評
価へ気持ち**を切り替えることが望まれる。

【付記】
　付属東雲小学校の研究紀要に、**通常学級**を念頭において執筆したものである。
主題が「『**個が生きる授業』を支える自己評価活動**」で、現代の教育思潮に合致
しているので、敢えて、掲載することにした。障害児に対しても、コンピーテ
ンスの発想や自己評価活動等は何ら変わるものではなく、必要であろう。唯、
具体的レベルで捉えるとなると、４章－１の授業の評価で挙げられた、自発発言
や生活化、模倣行動などが相当するであろうが、もう少し、高次のレベルの活
動まで含めて、体系的にまとめるとなると、難しい。今後の研究を待ちたい。

【参考文献】
White,R.W.　1959　Motivation reconsidered: The concept of competence.
Psychological Review, 66, 297-333.
Runkel,P.J. 1958　A　brief model for pupil-teacher interaction. In Gage,N.L.（Ed.）,
Handbook of research on teaching, Chicago : Rand McNally. 126-127.

5章
重複した障害を兼ね備える子への学習支援

5章 重複した障害を兼ね備える子への学習支援

1　ことばの遅れた子のコミュニケーション行動の指導

1）コミュニケーション行動（信号系活動）の意味

①コミュニケーション（communication）行動とは

　送り手が意識的・無意識的に色々な情報を行動や言葉などの多様な手段を通して、受け手に伝えるプロセスをいう。つまり、送り手の行動が発信行動、受け手の行動が受信行動、送り手と受け手が情報交換し合うのを**交信行動（コミュニケーション行動）**という。

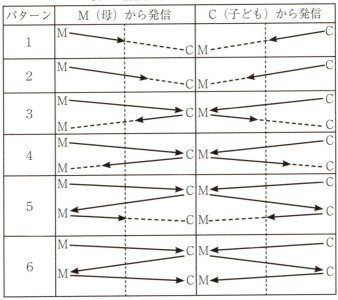

表1　相互作用ユニットパターン

　コミュニケーション行動の障害とは、予期されたときに予期された伝達手段を介して、予期された正確さで、情報伝達ができない状態にある

ことをいう。例を挙げて説明しよう。表1は、母親（M）と子ども（C）との会話を中心としたコミュニケーション行動について、例示したものである。パターン1－Mは、Mがいつものように、Cに話しかけたが、Cに何か事情があって、通じなかったという場合である。「何か事情」というのは、他の仕事に夢中になっていた場合もあろうし、聴覚障害や知的障害などが理由の場合もあろう。パターン1－Cは、子どもから、Mに向かって話しかけた場合である。今度は、反対にMに何かの事情があって、通じなかった場合である。

　パターン2－Mは、MがCに**強く発信**した場合を想定している。声を大きく張り上げる場合もあろうし、分かりやすく丁寧にことばかけをする場合もあろう。それでも何かの事情があって、通じなかった場合である。パターン2－Cは、子どもから**強く発信**したが、Mは、それを受信していない場合である。パターン3－Mは、Mの発信をCが受信し、折り返し、Mに返信したが、Mに届いていない場合である。パターン3－Cは、子どもが先に発信した場合、Mは受信し、返信したが、Cに届いていない場合である。

　パターン4－M、パターン4－Cも、パターン3－M、Cと同様に解されるが、ただ、違いは、返信が、**強く発信**されている点である。パターン5－Mは、Mが発信し、Cはそれを受信し、折り返し発信し、受信したMは、再び、Cに発信したが、その情報がCに届かなかった場合である。パターン5－Cは、反対に初めに発信したのは、Cであり、それをMが受信、そして発信した場合である。

　以上は、**何らかの事情で、コミュニケーション行動が途中で途切れてしまったパターン**を紹介した。しかし、通常児やコミュニケーション行動に障害がない子どもでは、パターン6で示したように、発信→受信・発信→受信・発信→受信・発信……が、卓球でピンポン球が行きかうように際限なく、交信し合うのである。コミュニケーション行動の障害とは、会話が長続きせず、何らかの事情で、途中で途切れてしまう場合をいうのである。

　情報伝達ができない場合の主要な原因について挙げよう。

5章　重複した障害を兼ね備える子への学習支援

　発信器官：運動系（発声、四肢）、言葉として発声するためには、発声器官と構音器官が正常に機能していることが求められる。**発声器官**とは声を出す器官のことで、声帯、口腔、鼻腔などの総称であり、**構音器官**とは、言語音にする器官の総称であり、肺、喉頭、口唇、鼻腔等が含まれる。これらの器官が正常に機能しなくなれば障害が生ずる。四肢とは、上肢、下肢であり、特に音声言語で表出できなくなると、身振りサインや身体表現を介して意思を伝達する必要が生ずる。**受信器官**：視覚・聴覚・触覚・味覚・臭覚、**知的能力、人間関係**　等が挙げられる。以上のどれかに欠陥があると、スムーズに発信したり、受信したり出来なくなる。

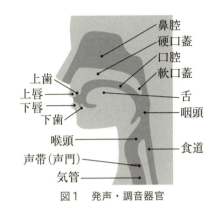

図1　発声・調音器官

②特別支援学校や設置学級で多く観察される実態

　障害児の学校・設置学級には、多様なコミュニケーション障害を有する子どもたちが混在しており、個人差が大きいため、一人ひとりに行き渡る的確な学級経営や授業をすることが難しい。概して、以下に挙げるような状態が挙げられる。

　●発声が乏しい。喉音に限られる。●理解言語はあるが、表出言語が乏しい。●言語が「言葉の遊び」になってしまっている。表出言語が独り語になっている。●教師による言葉での指示が行動をコントロールしない。●コミュニケーション行動の指導について個人別の計画が立てられていない。●表出言語こそ、社会生活にとって不可欠という発想から、ことば以前の指導については軽視されている。●言語の障害についての実態把握が十分になされていない、即ち、どのようなつまずきか、原因や障害の程度が把握されていない。更に、重篤な子どもについては、教

第Ⅰ部　知的障害児に「生きる力」を育てる学習支援の在り方

師自身、表出言語以前のコミュニケーシン障害の知識や指導法が分かっていない。●一語発話に限られ、文形式の会話ができない段階の子どもがいる等々である。

③コミュニケーション行動の発達段階

　本項は、**梅津八三教授の交信理論を中心に、田上隆司氏他**を参考にして、筆者が取り組み、学んだ実践を紹介したい。コミュニケーション行動の発達とは、表２、図２で分かるように**所記と能記が分化する過程**といえる。**所記**は、言語内容であり、例えば、おしっこをしたい気持ち、尿意であり、**能記**は、言語記号で、例えば、下腹部をポンポンと触れて知らせる、である。発声の初期は、所記と能記が分化しておらず、一体となった関係にあるが、発達するにつれて、次第に分離し、最終的には、両者が任意的関係として結びついているだけの関係になる。また、**発達は、自成信号から構成信号へと移行する過程とも言える。自成信号**とは、生得的な信号、例えば、顔色、雰囲気であり、**構成信号**とは、習得した信号、例えば、言葉である。初めの内はもって生まれた自然発生的な仕方、**自生信号**で表出されるが、発達するにつれて学習された仕方、**構成信号**で相手に伝えるようになる。

表２　非言語記号の発達段階表　　田上隆司　他　1981

記号			例		所記の特色		能記の特色	発達要件	
シグナル	徴候的記号		風邪でクシャミがでる		先行事象など		所記と必然的相関	連合の学習能力	
準シンボル	表情的記号		表情・姿勢		情　動		能記の可変性	伝達意図の発生	
シンボル	一次シンボル	提示記号	母親の手を引く		要求する対象等		眼前対象依存	表象の形成	
		慣用動作　指示	ちょうだい	指さし	心的態度	眼前対象	規約性	動作についての知覚の成立	物についての知覚の成立
		慣用記号	バイバイ		状況			状況についての知覚成立	
	二次シンボル	写像記号	絵、模倣身振り		観念		代表性	範疇化（属性抽象）	
		恣意記号	音声語文字		論理		統語構造	関係把握短期記憶	

5章　重複した障害を兼ね備える子への学習支援

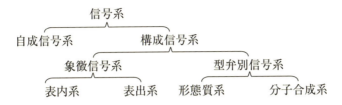

＜図の説明＞
表　　内　　系：イメージ
表　　出　　系：身振り、絵、凝声
型弁別信号系：所記と能記が任意的に結びついたもの
形　態　質　系：能記が色や形で表されたもの
分　子　合　成　系：文字、言葉
図2　自成信号から構成信号への系統　梅津八三　1974

2）コミュニケーション行動形成の指導法

①シグナル段階（自成信号系）の指導

　精神状態の変化を無意識に行動に表出する段階である。例えば、笑う、泣く、カンシャクを起こす、行動が緩慢になる、動作が活発化するなどの仕方であり、相手を意識して表出されるものではない。自然発生的なものである。教師は、無意識的な行動から、精神状態を的確に読み取り、応える努力が必要である。例えば、排尿は、行動が静止した尿意の状態を見逃さず、すばやく、サインを与えると共にトイレに連れて行くようにする。

②準シンボル段階（表内系）の指導

　象徴機能が確立する段階である。「**象徴機能**」とは、ある対象（所記）を心の中で別の仕方（能記）に置き換える働きをいう。この場合、両者の間には、何らかの関係が認められるのが通例である。例えば、母親、養育者への**愛着行動**は、オムツを交換してくれたり、抱いてくれたりする人（**所記**）がイメージに残り、注視したり、追い求めたりするようになった行動（**能記**）になって現れる。

第Ⅰ部　知的障害児に「生きる力」を育てる学習支援の在り方

　象徴遊び（想像遊び、ごっこ遊び）は、機会を多く持つことが能記の発達を促すために望ましい。例えば、「**見立て遊び**」は、積み木（所記）を自動車に見立てて（能記）、"ブーブー"と押すような遊びである。遊びは、視覚、聴覚、触覚など多様な感覚を総動員して行われる。「砂遊び」などは、それに木片やお茶碗などを加えることにより、更に、見立てる素材が増加していく。イメージ（象徴）は、沢山、保持することが言語発達を促すために、望ましいことではあるが、友だちを意識しないで、独り遊びだけの世界に入り込むようになると、コミュニケーション機能としては、役に立たないことになる。

③一次シンボル段階（表出系）の指導

　触振動・身振りサインは、眼前にある対象または、差し迫った状態に対して、発せられる。例えば、教師の関心を引く（所記）ため、肩をポンポン叩く（能記）、外へ出たいとき、教師の手をドアーのノブまで持っていくなどである。これらの表出系は、**要求を介在させて指導する**ことが重要である。しかし、知的障害児では、要求している対象が捉え難く、泣いたり、わめいたりして表出する。従って、何を要求しているのか、その解決のためには、どうすれば良いかの情報を得ることが難しい。要求している内容が分かるようなサインを反復して、習得させる学習が必要であろう。一旦、獲得された信号は、それが発信された場合は、直ぐにそれに直結する要求を満足させてやることが大切である。

　身振りサインは、玩具が欲しいとき、「チョウダイ」をする。ジュースが飲みたいとき、「飲むまねをする」などである。身振りサインの獲得過程は、例えば、排尿行動で説明すると、失禁した場合、直後、教師が子どもの手に自分の手を添えて、下腹部を軽くポンポンと触れる信号と結びつけて与え、続いて、パンツを取り替えてやる。それができるようになれば、次は、教師が触れるのではなく、口頭で指示したりして、子ども自身が下腹部にふれる動作を反復させる。それができるようになったら、"どうするの"と自発動作を促すなどして、介助の手段を少なく

5章　重複した障害を兼ね備える子への学習支援

していくのである。。

　呼名反応は、学習の構えを作らせるのに必要なサインである。名前を呼ばれたら、教師を注視する、手を挙げる、"ハイ"と発声する、の3つの関連動作があるが、その中で**注視行動**を中心に指導する。注視したら、その動作が無駄にならないように、教師は、即座に意図する次の指示を行う。

④二次シンボル前期段階（表出系、形態質系）の指導

　二次シンボル段階とは、所記と能記が不完全から完全遊離に到る過程をいう。その内、**形態質系**は、両者の間に全く類似性がなく、遊離しており、一次シンボルと違って、眼前にない対象（所記）でも表現できる（能記）点が特徴である。**二次シンボル段階の身振りサイン**は、発信者と受信者との間に**表し方の取り決め**が必要になってくる段階である。例えば、「風呂に入る」は、こぶしを作り、頬につけ、2,3回、上下に動かす。「寝なさい」は、こぶしを枕にして、目を閉じて、寝る仕草をする等である。

　絵図は、表情・動作に添えて、同時に示して、コミュニケーション手段として用いる方法である。絵図は、表す事物・行動と対応関係が明確に把握できるように作成することが前提である。両者の関係づけが不十分な場合は、再度、絵図を分かりやすく書き直す必要があろう。絵図により指示したら、対応する動作が発現するまで激励したり、根気強く待つ。できるようになったら、次の段階として、**絵図に文字を付け加え**、徐々に絵図をカバーしたりして、視覚的手掛かりを文字だけにして行く。

　しるし、記号は、個人の名前の代わりに、色、幾何学図形、単純な絵図（花、動物）等を用いて、所有物や場所など、周囲の全ての事物、場所等に目印として、同じ印をつける。その他、玩具や教具等を同種類は同じ場所に整理するなどして、仕舞いやすくするため、乗り物の玩具は「タクシー」の印、動物の玩具は、「犬」の印等を整理箱や戸棚に張り付ける。印は、能力に応じて、**絵図から幾何学図形、色、そして文字へと高次化**を図る。

143

第Ⅰ部　知的障害児に「生きる力」を育てる学習支援の在り方

結語

　コミュニケーション行動のつまずきは、子どもだけに原因が求められるべきでなく、それを受け止めることができない教師側にも責任がある。教師は、自分の接し方、対応の仕方がつまずきの原因になっている場合を踏まえて、新しいコミュニケーションの方法を案出する努力をする。
　先ず、**第1に**コミュニケーション行動には、表情→触振動→身振り→絵図→記号→言葉・文字、等のような、発達段階がある。どの段階から取り組んだら良いか、行動観察等を入念に行って診断しなければならない。**第2に**コミュニケーション手段（能記）と行動（所記）とは、表裏の関係にあり、両者は、結びつけて取り扱う必要がある。特に、知的障害児では、ことば（手段）を発したら、すぐにそれに結びつく行動を行うこと、その結びつきを反復することにより、ことばと行動は一体化して定着することになる。**第3に、構成信号系、特に「ことば」**は、あいまいに取り扱ってはならない。教師の視線や表情を頼りに意味するものが分かるようでは、意味する内容は定着しない。独りで判断しなければならない場面に困惑してしまい、情緒不安定になる。**第4に**、日常生活は、すべてがコミュニケーション能力を習得する機会と捉えた方が望ましい。当該の子どもの障害部位を考慮して、更にコミュニケーション行動の発達の原理を頭におき、視点を明確にして、計画的に指導と取り組むことが肝要である。

144

5章　重複した障害を兼ね備える子への学習支援

2　発達障害と知覚 – 運動学習

1）発達障害とは

①日常生活で認められる様子

　仲間と比べて何となくことばが遅れていたり、落ち着きがなかったりする子どもがいる。その原因を母親に尋ねると、幼稚園に入るまでは全く気が付かなかったとか、そういえば、甘やかして育てたようだとあいまいな返事が返ってくる。また、知的には特に見劣りする訳ではないが、話し下手だとか、文字が整わないとか、作文が書けないとか、計算が苦手であるとかいったアンバランスな能力をもった子どもがいる。家庭では、伸びる素質はあるのだから勉強や努力が足りないのだと思い込んで、母親や家庭教師がつきっきりで教えようとする。

　このような子どもたちの中には、中枢神経系の働きに微細な異常性が認められる子どもが含まれている。一般に、「**発達障害児**」developmental disabilities と呼ばれる子どもがそうである。幼児期のしつけに反省すべき点があった、勉強や努力が足りないなどと勘違いして、きびしく躾けたり、強制的に机の前に座らせることだけに汲汲としていたため、返って、困った行動が悪化してしまい、予期しない不適応行動さえ、付け加わることになり、取り返しのつかない結末にいたったのである。中枢神経系の働きに障害があるのであるから、それに見合った仕方で取り扱わなければ効果が挙がらないのは当然であろう。

②基本的行動特性

　これらの学習上の困った問題は、中枢神経系の機能障害に起因するのかどうかを調べることが先決になる。

　周産期（妊娠6か月から生後6か月までの期間）やその前後に、中枢

145

第Ⅰ部 知的障害児に「生きる力」を育てる学習支援の在り方

神経系の発達に悪影響を与えた出来事や病気が認められる。**脳波に異常性**がある。テンカン発作があるなどの神経学的徴候が認められる。しかし、全く思い当たらないケースも多い。発達障害と診断された子どもの内の約半数は、何らの**神経学的徴候**も認められなかったという報告さえある。もし、中枢神経系の働きに異常性があるとすれば、それを反映した特異な知覚や行動が生ずるものと推察される。

食事中に立ち歩いたり、授業中に離席を繰り返すなどの「**多動傾向**」がある。1つの課題に注意を集中させる持続時間が短く、関係のない刺激に容易にそれてしまうような「**被転導傾向**」は、中枢神経系に障害のある子どもに観察される典型的な特徴である。これらの子どもをアメリカ精神医学会などでは、「**多動症候群**」「**注意欠乏症候群**」と、呼ぶ場合もある。また、自分の要求したことが聞き入れられなかったり、したくないことを無理強いされたときなど、はげしいカンシャクが現れる「**破局反応**」がある。

話しことばを聞いて意味は理解できるのに、自分の気持を表現することが難しい。自動車のエンジンの音、小鳥の鳴き声は分かるのに、簡単な話しことばが理解できないような、アンバランスな言語の特徴がある。歩く、走るなどの粗大運動には難点が見出せないのに、箸を使って食事をする、ビーズに紐を通すなどの**手指運動が不器用である**。

その他、1つの遊びだけにこだわる「**固執性**」、身体に触れられるのを極端に嫌う「**触覚防衛反応**」、また、相当数、回転運動を繰り返しても眼振が生じない（目がまわらない）「**前庭覚の不統合性**」、1つの感覚だけが極度に鋭敏過ぎる「**感覚のアンバランス**」などが認められる。

以上のような特徴のいくつかに思い当たるところがあれば、一応、**中枢神経系の機能障害**を疑ってみてよいであろう。即ち、学習に困難な状態があり、前述したような特異な知覚や行動が見出されれば、**発達障害**ということになり、それに見合った指導が要求される。

146

③発達障害の範疇に入る障害の種類

　もう１つの検討を要する問題は、**学習上の困難な状態**は、視覚・聴覚などの感覚障害や知的障害、また、教育環境の不適切さから生ずることも考えられるが、これらの原因による場合も**発達障害の範疇**に該当するのかどうかである。この区別については、**学習障害の概念**を明確にした「**アメリカ障害児諮問委員会**」の1968年に行った定義が答えてくれる。

　要約すると、「話しことばや書きことばを理解したり、使用したりする際に現れる障害であり、その直接的原因が視覚障害、聴覚障害、運動障害、知的障害、情緒障害、環境不遇に**よらないことが条件**である。なお、**知覚障害、脳障害、微細脳機能不全、難読症、発達性失語症なども学習障害の範疇に含まれる**」。

　即ち、感覚障害や知的障害などが一次的原因で起因する学習上の困難は、発達障害から除外されるのである。しかし、この条件は、実際に障害児に対面すると、判断がつきかねる場合が多い。例えば、中枢神経系の機能障害が疑われる知的障害児について、学習上の問題は、脳障害か、知的障害かのどちらによって生じたのかをはっきり、区別して考えることは不可能である。

　シュトラウス（Strauss,A.A.）は、知的障害児の中に特異な知覚・行動を示すグループがあり、それらの子どもが共通して中枢神経系の機能障害を伴っていることをつきとめた。アメリカ障害児諮問委員会の定義によると、これらの子どもは、発達障害の範疇に入りにくいかも知れないが、前述した特異な特徴をもっていることから、教育的には同様な指導方法を必要とする場合が多く、同じ発達障害の枠組みの中で取り扱った方が便利と思われる。

2）知覚－運動学習の手法の種類

①知覚－運動学習とは

　従来、発達障害の研究は、特異な知覚－運動の様相とか、言語の特徴

第Ⅰ部　知的障害児に「生きる力」を育てる学習支援の在り方

などを調べる方法とは別に、効果的な指導のあり方の研究へ多くの努力
が費やされてきている。今日では、後者の**臨床教育的研究**を通して発達
障害の特徴を見直す方法が大勢を占めている。

②手法の種類

　知覚－運動学習から接近する仕方と**言語学習から接近**する仕方の２通
りがある。この両者は、実際的な指導の場では一体となって、取り扱わ
れているので、対立した立場ではなく、指導の視点の置きどころの違い
と捉えた方が適切であろう。本項では、近年、クローズアップされるよ
うになった**知覚－運動学習**に焦点を合わせて、説明しよう。教育現場に
比較的多く導入されている理論として、**エアーズ（Ayres,A.J.）の「感
覚統合学習」**とフロステッグ（Frostig,M.）の「**ムーブメント教育**」と
がある。これらの理論は、**ケファート（Kephart,N.C.）の「知覚－運
動学習」**に基づいているので、以上の３理論を簡単に紹介することにする。

３）ケファートの知覚－運動学習

①発達過程を重視

　知覚と運動とが密接な関係をもって発達し、その過程は次の３段階に
区分できる。先ず、真直ぐ立つとか、バランスをとって歩くなどの能力
が獲得される「**練習段階**」の時期があり、多くの粗大運動によって可能
になる。次に、事物に触れてその性質を知るとか、歩き回って空間の位
置関係を掴むなどの能力が習得される「**主観段階**」が続く。最後に、動
いている事物の動きを止めるとか、投げたり、ころがしたりして動きを
与えるなどの「**客観段階**」の時期に達する。この段階になって、事物間
の関係とか、リズムや順序などの時間知覚、概念などが形成される。以
上のように、知覚や概念の発達は、十分な運動が前提になると、ケファー
トは強調する。

②指導の順序と指導内容

指導の順序については、上記の原則を踏襲し、**粗大運動→運動-知覚→知覚-運動→知覚→知覚-概念→概念**のような運動学習に力点をおく。指導内容を順序に従って説明すると、

知覚－運動訓練……自分の身体を基にした左右の意識（ラティラリティ）およびそれを自分外の空間に投影した方向性の意識の習得が主たる課題で、平均台、バランス台、トランポリンなどを用いた運動によって達成できる。

知覚－運動協応訓練……視覚と運動、聴覚と運動との協応動作ができるようになるために、白線の上を歩く、標的にボールを当てる、椅子取りゲームなどを行う。

眼球運動の訓練……視線が注目する方向によって、見る対象が決まることから、静止した事物を注視させる。動く事物を追視させるなどの課題が与えられる。

黒板を使用した訓練……視覚と手指運動との協応動作ができるようになることがねらいである。板書された図形を指頭でなぞらせるとか、図形を書き写す、見本図形を記憶しておき、見ないで書くなどが指導内容である。

形態知覚訓練……図形の色、形、大きさ、数などを発達障害児は、ぼんやりした全体として知覚しているので、色、形といった刺激属性ごとに区別して分類させるとか、図形の構成要素（例えば、直方体は４辺と４つの角から構成）を分析して、知覚できるようにするため、パズルや組立て玩具、ペグボードなどの教材を用いて指導する。

4）エアーズの感覚統合学習

①感覚統合とは

いろいろな感覚器官から入った情報に対して、的確な行動で反応できるようにコントロールする中枢神経系の働きを指すが、エアーズは、**4**

つの階層を経て形成されると唱える。先ず、**第1階層**では、**触覚および全庭覚、固有覚などの統合化**が図られる。2歳頃までに、口唇や手指などの接触行動を通して母親や周囲の事物を知覚する触覚が発達する。また、這ったり、転がったり、立ったり、歩いたりする運動を通して、前庭覚や固有覚が発達する。**前庭覚**とは、内耳に位置する前庭器官によって受容されて平衡感覚のことで、身体の傾きや運動の速さなどを知る感覚である。また、**固有覚**とは、筋肉、腱、関節にある受容器から得られるもので、手足の位置関係についての感覚や動きの方向感、身体の重量感などの意識を指す。

　第2階層では、身体像や運動企画、左右知覚の統合化が発達する。2歳にも達すると、跳んだり、走ったりなどの多様な粗大運動が著しく活発になり、自分の全身体と各部分の位置関係の感覚や身体の大きさ、体型の感覚などの「**身体像**」が発達する。また、玩具を操作したり、関係づけて遊ぶなどの「**運動企画**」や、左右の体内感覚、事物を中心にみた左右の方向感覚などの「**身体図式**」が発達する。

　第3階層では、巧緻運動や形態知覚、視空間知覚などの統合化が図られる。3，4歳にもなると、手指を用いた微細運動が活発になり、巧緻性が増加する。利き手、利き足が分化し、自分の正中線を軸にした手の交差運動、目と手の協応動作が可能になる。型はめや、まぎらわしい背景から前景となる図形を選択する視知覚能力も発達する。

　第4階層は、**認知能力**が発現する段階であり、読み、書き、計算ができるようになる。これは、6歳以上になって完成する。

②指導方法の特徴

　エアーズの方法の特徴を挙げると、感覚統合発達の階層を**中枢神経系の成長発達**の段階に対応づけている点である。第1階層は、脳幹と、第3、第4階層になるほど、大脳辺縁系、大脳皮質と密接な関係が深く、高次の脳の働きは、**脳幹の成熟**に依存して促進される。従って、脳幹に異常性が認められる発達障害児では、その改善を図るために、第1階層

の触覚、前庭覚、固有覚の統合化の指導がさし当っての重要な課題となる。**発達障害児に感覚統合学習を行う際には**、発達障害の類型や、それに見合った指導方針、内容を決めることが必要であり、厳密な検査や臨床観察がなされることはいうまでもない。

③特別な検査と臨床観察

エアーズは、17種の下位検査からなる「**南カリフォルニア感覚統合検査**」を考案している。また、**臨床観察**では、緊張性迷路反射（腹臥位で身体をそらすことが難しい）や、非対称緊張性頸反射（仰臥位で頭を片方にまわすと、向けた側の手足が伸び、反対側の手足が曲がる）などの姿勢反射の残存状態を調べるとか、「**南カリフォルニア回転性眼振検査**」によって、回転運動をした後の眼振の持続時間を測定したりする。

④教材の種類

脳幹の活性化を図る教材としては、**触刺激を与える種類**として、ハケ、ブラシ、スポンジなどで皮膚に触れたり、ブラッシングしたりする。また、抱きしめるとか、くすぐるなどする。**前庭覚の刺激**に関しては、スクーターボードに腹臥位でのせて進ませるとか、ハンモックに入れてグルグルまわす、ゆれ木馬、バランスボードにのせる、トランポリンで飛び跳ねさせるなどがある。固有覚の刺激については、チューブやカラートンネルをくぐらせるとか、鉄棒や手で支えた棒などに下がらせる、手押し車の遊びをさせる、スクーターボードにいろいろな体型でのり、移動させるなどがある。

5）フロステッグのムーブメント教育

①指導方法の特徴

エアーズが中枢神経系の成長発達の道筋に添った感覚統合の系統を想定し、脳幹に刺激を与える運動学習の重要性を指摘したのに対して、フ

第Ⅰ部　知的障害児に「生きる力」を育てる学習支援の在り方

ロステッグは、子どもの**自主性と創造性**を重視する教育観に基づいて、**感覚－運動の基礎的能力**を発達させる方法を提案した。

②基本的教育課題

　4つのスキルの向上を設定する。**1つ目は、感覚－運動スキル**を促進させる。自分の身体を思う存分、駆使するためには、感覚と運動の統合されたスキルが高い水準に達していることが前提となる。その構成要素として、協応とリズム、敏捷性、柔軟性、強さ、速さ、平衡、持久性があり、これらをバランスよく発達させることが望ましい。**2つ目は、身体意識スキル**を促進させる。**身体意識**とは、身体像と身体図式、身体概念を総合した自分の身体についての感覚のことである。前述したように、身体像というのは、身体に触れられたときに見ないでも、その部分が分かったり、カラートンネルをくぐりぬける際に、この太さだったら、十分、くぐり抜けられると思ったりする身体の大きさや体形についての感じである。また、**身体図式**というのは、身体の左右の働きについて、違いを感じる感覚や、眼前にある事物を中心にみた左右の方向性の感覚のことである。バランスをとって立位姿勢がとれる、歩ける、走れるなどの手足や体幹を操作する能力も身体図式である。**身体概念**というのは、手が2本、指がそれぞれ5本ずつというような身体部位についての知識である。

　3つ目は、時間・空間・因果関係意識の向上を図る。すべての行動は、時間の流れや空間の広がりの中でなされ、また、働きかけに対して何らかの効果が予想されるので、これらの感覚を得させる必要がある。**4つ目は、心理的諸機能のスキル**を向上させる。聞いたり、話したりする言語の能力や、いろいろな能力を同時に駆使する連合能力を助長させる課題である。例えば、ブラックボックスの中の隠された玩具を手指に触れ、それを数枚の絵カードの中から選ぶ**「触覚－視覚連合」**などである。以上から伺えるように、フロステッグの理論では、単に感覚－運動だけに偏った、せまい指導内容ではなく、**空間や時間の知覚や、言語、社会性**まで広範囲にわたる全面発達が目論まれている。

③指導原理

　フロステッグは、これらの教育課題を習得させるための**9つの指導原理**をかかげている。その中のいくつかを説明すると、**喜びと自主性**を重視する。他律的に押し付ける指導はしない。子どもが進んで、喜んで取り組むのでなければ効果はあがらない。ともすると、教師が厳密なプログラムを作成し、それを子どもに強制する仕方でなされる場合が多いが、止めるべきであろう。**創造性を重視**する。フラフープを床において、「身体の3つの部分をその中に入れてごらん」というように子どもに工夫させる。

　継続を重視する。例えば、1週に2回、1回が40分間などというように、長期間繰り返すのでなければ、短期間に集中的に1回だけ、行っても安定した効果は期待できない。**制御する時間帯のリズム**を重視する。はげしい運動の後には、静かな運動というように、静と動を交替させる指導の流れを意図的に組み立てる。**競争**はさせない。子ども同士で競わせるのは良くない。それは、結果的に優越感や劣等感をいだかせることになり、自主性を低める原因になるからである。競争は廃しても、集団を用いた学習は、大いに活用すべきである。マンツウマンによる指導が効果をあげる場合もあろうが、集団が個人の意欲を高める場合もあるので、多く採用すべきであろう。

　環境や器具を有効に利用する。自発的な行動を開発させるためには、魅力のある場面作りや新奇性のある器具の作成が必要である。また、最大限度に近い動作をさせるためには、その器具を用いると自然に全力を傾倒しなければならなくなるようなものが欲しい。すぐ転ぶ臆病な子どもには、トランポリンの上で遊ばせ、慣れてきたら、教師がゆすったりして、別のリズムを加え、バランスがとりにくい状態にして、それに立位で耐えさせる練習を行うなどである。

【参考文献】

伊藤隆二「学習障害の基本概念について」　発達障害研究　3巻　2号，1981.

第Ⅰ部　知的障害児に「生きる力」を育てる学習支援の在り方

宮本茂雄・細村迪夫編著　発達と指導Ⅱ　感覚・知覚　学苑社，1982.

小口勝美他編著　障害児のムーブメント教育　フレーベル館，1981.

坂本龍生編著　障害児の感覚運動指導　学苑社，1982.

【付記】

①5章－2　初出原稿について

　1984年に執筆したものである。古いので、掲載するかどうか、躊躇したが、丁度、当時、通常学級に在籍していて、多動で、授業中でもじっとしておれず、教室を飛び出し、校外へ出て行ったとか、計算はかなり桁数が多くても易々とできるのに、図形問題になると、いくら説明しても分からないなどの子どもが教師間の話題に挙がり、どう対処したらよいか、研究会などで取り上げられていた。他方、本項で紹介した発達障害児のための「知覚－運動学習」が全国的にクローズアップされ、賛同する教師が、専門の研究者の許に参集して、熱心に、研修したものである。

　近年、このような子どものために、支援学級や通級学級などが整備され、受け入れ態勢が確立し、また、スクールカウンセラーや、臨床心理士など、専門の教師が当たれるようになり、取り上げられる機会が多くなった。古い資料ではあるが、参考にして頂ければと思い、掲載することにした。

②「学習障害」の把え方について

　2004年12月に「発達障害者支援法」が公布され、該当者に適切な教育が保証されることになった。「**発達障害**とは、自閉症、アスペルガー症候群、その他の広汎性発達障害、**学習障害**、注意欠陥多動性障害、その他、これに類する脳機能の障害があって、その症状が通常低年齢において発現する者として政令で定めるもの」とある。従って、学習障害は発達障害に含められる下位障害になった。

第Ⅱ部

思いやりの心情を育てる取り組み

1章
通常児に思いやりの心情を育てる学習支援

1章　通常児に思いやりの心情を育てる学習支援

1　思いやりの心情理解とは

1）思いやりの心情理解とは

　思いやりの心情理解という言葉は、通常児が障害児の心情を理解するという意味で使用される場合が多い。しかし、ここでは、友だちや兄弟に対しての思いやりまで広げて捉えたい。学校現場では、「**思いやり**」「**人の痛さが分かる**」「**友情**」などという言葉をよく耳にするが、ほぼ、同じ意味合いである。相手の心情を理解したという状態には、少なくとも2つの条件を満たす必要がある。1つは、「**共感的理解**」である。相手の立場になって、相手が周囲から被っている不当な言動を自分が被っているかのように捉えなおし、相手の悩み、苦しみを体験することである。2つ目は、「**いのちの対等**」であり、相手のいのちを自分のいのちと同様に大切にすることである。**いのち**とは、「生きざま」「生活」「**幸せになりたい気持**」を意味する。誰でも自分と同じように「自立した人間」になりたいと思っているのであろうから、その心情を尊重することである。
　福祉読本「いきる力」に「**ガンバレ宮本君**」という5年生の教材がある。その要旨は、鉛筆をしっかりにぎりしめて文字をゆっくり、書いたり、給食のとき、ミルクをこぼしたり、スプーンからおかずを落としたりするなどの、手先にマヒがある宮本君が、春の遠足で、標高800メートルの山に登ったときの友だちとのふれ合いの様子を、一緒に登った藤原君が作文としてまとめたものである。宮本君は、登るときは、先頭を進んだが、降りるときは、腰をおろして、木の枝や草をにぎりしめて、身体をずらすようにして難儀した。それでもときどき、足をすべらせ、2，3メートルずり落ちることがあった。すぐ後に続く藤原君は、その様子を見て、無性に手をかしてやりたい衝動にかりたてられる。多分、そのときの藤原君の心中では、「手をかしてやりたい、いや、手をかさな

159

第Ⅱ部　思いやりの心情を育てる取り組み

い方がよい」といった**葛藤が渦巻いていた**であろう。とにかく、藤原君は、手をかさない方がよいという考えを選択した。その理由の1つは、宮本君の立場になって考えると、「僕たちのいたわりや同情をこえたもっと**厳しい困難に立ち向かっている心情**」（原文）が宮本君の後姿に読み取れたからである。もう1つは、「**生きることへの挑戦**」をしている宮本君の努力を、自分も過去そういう経験があったことに思いをはせたとき、大切にして励ましてやりたいと思ったからである。確かに、反射的に手をかけて援助してあげる仕方もあろうが、藤原君のように、宮本君は、どのように考えて対処しようとしているか、「生きることへの挑戦」をしているのだと確信して、自分のこととして考え直し、「手をかさない」方が良いと決心したのである。しかし、それには、支援しなかったため、滑り落ちて大怪我をする場合さえある。この物語では、成功裏に降りることができたので、藤原君の不安は、解消されたのである。

２）「共に生きる」発想の重要性

①相手の立場で考える

　「自分だけ伸びる」というよりも「みんなで一緒に伸びる」という「生き方」も社会生活では、大切ではないだろうか。何故かというと、私たちは社会を構成する一員であり、お互いに助け合って生きている。その社会を否定して、自分だけ伸びていく発想は、社会の中では通用しない。家庭も学校も同じ社会である。その中では、みんなで考え、みんなで伸びていく、という発想が大切ではないだろうか。

　筆者は、常日頃、しばしば、学校を訪問し、多くの子ども達と接する機会があるが、「思いやりの心」は、どの子どもにも自然に育っていくと気付かされるものである。その芽を親や教師が摘んでしまっているのではないかと心配になる時さえある。いくつか事例を紹介したい。

　読み物教材を用いた理解学習（第Ⅱ部１章−２）で紹介する事例であるが、ある1年生のクラスで、席替えがあった。デキモノができてい

て臭い女の子がいた。大勢の子どもは、"○○ちゃんとなるのはいやだ"
と言っていた。そのとき、一人の男の子が"そんなこと言うものじゃない"
と大きな声で怒鳴った。おそらく、この子は、○○ちゃんの立場に立っ
て考えられる「思いやり」を持つやさしい子であろう。

　また、別の学校での1年生のクラスでは、このクラスには、重い障害
の子がいて、給食がなかなか一緒に食べられない。配膳を待つことが我
慢できず、パンを食べ始める。何かの拍子にお膳ごと、机から落として
しまった。それを隣席の子が一生懸命拾ってやっていた。ふと見ると、
その障害の子が隣席の子のパンをも食べていた。それに気付いた臨席の
子は"どうして、ひとのパンを食べるの"と厳しく注意した。それを聞
いた周囲の子が、"○○ちゃんは、わからないんだから、許してあげて
もいいんじゃないの"と言った。注意した子が"それなら○○ちゃんは、
いつも他人の物を食べてもいいの。○○ちゃんもやっぱり、他人の物と
自分の物との区別がつくようにしないといけないんでしょ。伸びていか
ないといけないのでしょ"と言い返した。

　この返事には、**素晴らしい教訓**が含まれていると思う。周囲の子ども
も障害の子どものことを考えて言ったのであるが、隣席の子も、やはり、
その子のことをおもんばかって、**一緒に伸びて欲しいという気持ち**から
厳しく注意した。即ち、「思いやり」の表し方には、「許す」という意見
と、「許さない」という意見の相反する2通りがあり、後者の方が、一歩、
高いレベルの「許さない」ことばではないかと思われる。このような言
動は、教師は見逃さず、些細なことでも取り上げて、認めてあげて欲し
いものである。

　また、ある小学校の3年生のクラスの体育の授業での話であるが、車
椅子に乗っている子も参加して、運動場でリレー競争をしていた。車椅
子の子がバトンをもらって、車椅子を自分でこいでいた。しかし、遅い
ので待っておれなくなった次の順番の子が、進み出て、背後から車椅子
を押し始めだした。それを見ていた敵も味方も"ガンバレ""ガンバレ"
と応援し出した。**"ずるい"という声は聞こえなかった**。学級全体が、

第Ⅱ部　思いやりの心情を育てる取り組み

車椅子の子が、その子なりに参加するのを喜んでいるすばらしい光景であった。

②思いやりが育つ集団作り

　ある５年生のクラスに、２年生程度の知的能力の女の子がいて、一緒にバスケットボールの試合をしていた。たまたま、その子が手渡してもらい、投げたボールがゴールに入った。敵も味方も一時、試合を止めて、拍手する。終わってから、教師の話を伺うと、ここに至るまでには、障害の女の子を参加させるために、話し合いで、変則ルールをその都度、作って実施してきた１か月間という試行過程があったのである。クラス全員で知的障害の子を支えようという気持ちが育っている。

　ある６年生のクラスで、ダウン症の重い障害をもち、３〜４歳程度の知能の子が一緒に算数の授業に参加していた。筆者は、初めは出来るだろうかと心配していた。見ていると、その子に特別に作製した大きなサイコロを持たせ、"イチ、ニ、サン"とみんなが掛け声をかける。うまく、ふれなかったりして、やっとふれて出た目を、その都度、その子に数えさせ、数字を黒板に書く。10個位、数字が集まったら、班ごとに、色々な数式を作り、発表し合って、全員で計算する。しかし、時間がかかり、このような仕方で、1時間でできた問題は8問であった。この学級なら通常、50問消化するのが、ノルマであろう。しかし、ダウン症の子が、サイコロを上手にふれたり、正しく数えることができたとき、子ども達から拍手がわく。ということは、ダウン症の子が分かっていくことに対して、自分のことのように喜べる優しい子ども達が育っているということである。

　障害のある子どもが伸びることを、自分のことのように喜び合える子どもは、つまり、「**思いやり**」がある人間といえるだろう。また、障害のある人を「かわいそう」と思い、直ぐ、手を貸すことは容易であるが、それを我慢して、**障害の子が真に伸びていく姿**を心から喜べることは、更に高いレベルの「思いやり」と言えよう。そのような手をかすか、か

さないか、また、許すか、許さないか、で迷う悩みを「**価値葛藤**」とい
う。このような思考過程を経て、真の思いやりは形成せれていくのでは
ないだろうか。

第Ⅱ部　思いやりの心情を育てる取り組み

2　思いやりの心情を育てる授業スタイル

1）体験学習

　相手の立場に立って相手の苦しさを享受し、相手のいのちを自分のいのちと同様に尊重するような思いやりの**心情理解**は、どのような教育によって達成されるものかを述べたい。

　心情理解の学習には、通常児と障害児との混成集団を編成して、直接関わり合いをもたせる方式と、障害児と接しさせないで、読み物教材や、視聴覚教材などを介して学習させる方式とがある。前者が**体験学習**、後者が**理解学習**である。まず、前者について取り扱う。

①学習集団と心情理解との関係

　3学年以上の通常学級2クラスで、特別支援学級の同学年の1名が通級してきている、3学校が対象である。つまり、6学級が対象である。各学級全員に、障害児が含まれた全員の名票を渡し、問1、「ドッチボールでいっしょに遊んでもよいと思う人に〇をつけて下さい」と指示して、1人ずつ全員の名前を読み上げ、該当者にしるしをつけさせる。問2、「遠足でいっしょに弁当を食べてもよいと思う人に〇をつけて下さい」についても同様に行う。問1と問2の違いは、前者が勝ち負けに関係のある**集団としての関心事**であり、後者は、自分と一緒に食事をする**個人的な関心事**であり、選択の範囲がせまくなると推察される。その作業が終わった後、問3として、「〇〇さん（通級障害児）について」という題で作文を書いてもらう。

　問1、問2の結果は、表2のようにまとまった。**平均被選択者の割合**というのは、例えば、A校3学年の問1の37.2パーセントは、児童数38名について各人、平均14.1名ずつ、ドッチボールをしてもよい仲間とし

て選んだのであり、**障害児選択者の割合**の13.5パーセントは、障害児を除く37名の内、5名が障害児をその中に含めて選んだことを表す。

　表2から分かるのは、①多人数でドッチボールをしたり、弁当を食べたりする**仲間として、選択している学級**ほど、その中に**障害児を含める割合が多い**ことである。A学校4年生は、問1で、62.8パーセント、問2で、39.7パーセント、その場合、障害児を含める割合も52.3パーセント、28.5パーセントとなる。B学校の4学年も問1で79.9パーセント、問2で、41.3パーセント、その場合、障害児を含める割合は、92.1パーセント、55.2パーセント、と多い。

表1　交流学級と通級児の実態

学校	学年	児童数	通級児の実態			
			性別	IQ （田中ビネー）	特徴	交流教科
A	3 4	38名 42名	男 女	61 51	自閉傾向	社会、理科、音楽、体育 同上と音楽
B	3 4	35名 39名	男 女	63 40	自閉傾向	音楽、体育 体育
C	3 6	40名 45名	女 男	62 66	弱視 施設収容	理科、音楽、体育 体育、家庭

表2　被選択者および障害児選択者の割合（％）

学校	学年	平均被選択者の割合				障害児選択者の割合	
		問1 平均	SD	問2 平均	SD	問1	問2
A	3 4	37.2 62.8	19.4 24.1	18.2 39.7	11.7 21.6	13.5 52.3	2.7 28.5
B	3 4	39.7 79.9	17.7 21.0	27.1 41.3	13.7 15.5	47.0 92.1	32.3 55.2
C	3 6	39.1 62.3	24.1 24.6	23.4 37.7	12.8 13.7	18.9 61.9	2.7 47.6

　反対に、少人数しか仲間として**選択しない学級**は、障害児を含める**割合も少ない**。A学級3学年、問1は、37.2パーセント、問2は、18.2パー

セントであれば、障害児を含める割合は、13.5パーセント、2.7パーセント、と少なくなる。このことは、通常児集団での仲間作りが十分出来ていないと、障害児もその中で定着しないことを意味する。障害児への心情理解は、とりもなおさず、**通常児集団の仲間作り**に帰すると言っても過言ではない。

　次に、問3の作文を読むと、多数の仲間を選び、その中に障害児を含めた学級は、障害児を受容（おはようと言ってくれるから嬉しい）、援助（教えてあげたい）、同情（いじめられたりして、かわいそう）などの声が多い。それに対して、あまり仲間を選ばない、**障害児を含めない学級**は、**障害児に対する非難**（うるさい、いいかえす）、同情（かわいそう）、注文（やめて欲しい）などの声が多い。このことは、仲間や、障害児を多数選択する学級では、学級の雰囲気が、お互いに心情理解している傾向があり、仲間の言動を好意的に受け入れているといえよう。

②相互障害状況からの脱却

　通級（難聴）学級　M教師の実践を紹介しよう。T子は、聴覚障害特別支援学校から3学年の1学期初めに転校してきた。障害程度は、補聴器を装用しない場合は、右耳、左耳とも、100dB以上で、**ほとんどの音は聞こえていない**。補聴器を装用すると、右耳60dB、左耳80dB以上で、かなり、大きな声であれば、聞こえている。しかし、それも音がひずんで入っており、通常児が聞いているようには、聞こえていないと思われる。転校してきた当初、級友が発声したことばを聞き取って書かせると、口元を見せながらであるが、単語が12パーセント、文が、18パーセント、聞き取れた。また、T子に発声させて、級友に書き取らせると、単語が21パーセント、文が28パーセントであった。このレベルのお互いの聞き取りでは、ほとんど、**コミュニケーションが成立していない**とみてよい。従って、31名の学級に転入してきた当初は、オドオドして、表情が暗く、おびえた様子で、発語も皆無に等しかった。また、意思の疎通は、筆談や手話による補助手段を介してなされた。始業式は、前列に並ばせ、読

唇しやすくしたし、校長は、ワイヤレスマイクを用いて、聴取させるなど、工夫したが、T子は、何も聞こえないらしく、無表情であった。学級での自己紹介では、立とうとしなかったが、"名前は"と促されると、かすかな声で、口ごもりながら、答えたが、級友には聞き取れなかった。

　以上の実態を踏まえて、机の配置を前列内側2番目にして、教師や級友の口形がよく見え、読唇しやすくした。また、級友は、発表に際しては、口を大きく開けて、ゆっくり言うとか、ダラダラと話しをせず、短かい会話文で、要点をまとめて、言うようにさせた。5月になると、新しい数人の女子の友だちができ、多少、リラックスしている様子が伺えた。しかし、大部分の時間は、ポツンと独りでおり、無表情に過ごしていることが多かった。そこで、「T子の話しことばを学級全員が聞き取って、理解できるようになる」ことを目標に、3学年の国語教科書の既習教材から、単語を10語、文章を10文、取り出し、T子に言わせて、**書き取らせるテスト**を、毎月、第4木曜日の学級朝の会の10分間に実施した。その経過の結果が、表3に示してある。4月当初は、単語が27.7パーセント、文が28.1パーセント（どちらも10語、10文当たりなので、2.7語、2.8文と考えてもよい）であったが、10か月たつ頃には、単語が33.0パーセント、文が42.0パーセントまでに伸びた。即ち、単語で5.3パーセント、文で13.9パーセント、の上昇がみられた訳である。これだけの向上は、周囲の状況が加味されると、かなり、**聞き取れる可能性がある**ことを示唆する。それにつれて、T子と級友とのふれ合いが増加し、また、話し合っている光景が多くなり、T子の表情が明るくなった。

表3　発語聞き取り明瞭度の変化　クラス平均（%）

	4月	5	6	7	8	9	10	11	12	1	2
単語	27.7	24.3	23.3	25.9	実施せず		33.5	31.0	30.0	34.1	33.0
文	28.1	28.0	31.2	30.4	実施せず		33.0	32.0	34.0	39.7	42.0

　心情理解を行動レベルで図る場合、**通常児、障害児の双方からの歩み寄りが必要である**。T子の話声が聞き取れない間は、お互いのコミュニ

ケーションは、成立しないのであり、障害状態と言える。しかし、通常児が努力して少しずつでも聞き取れるようになれば、T子との障害状態はなくなることになる。「障害」というのは、**相互関係の問題**であり、片方だけに問題があるのではない。片方の問題を処理できない相手にも大いに責任があるのである

　H子は、7歳のダウン症児である。構音障害があり、ぱん→"バン"、めがね→"メデ"、かめ→"カデ"、とらっく→"ラク"、だいこん→"デデ"、いぬ→"ヌ"、にわとり→"ニリ"などというように発声する。母親は、H子の発声を聞いてよく分かるらしい。というのもお互いの会話が結構、成立しているのである。筆者は、何を言っているのか殆ど掴めない。この例では、母親との間には、何らのコミュニケーションの障害はないが、**筆者との間には、完全な障害状況**がある。

　筆者からみれば明らかにH子は、構音に障害をもつ言語障害児である。しかし、H子からみると、母親は十分理解しているので何らの障害者でもないが、筆者は、言語理解の障害者というべきか、とにかく、筆者に障害があるのである。障害というのは、片方だけの問題ではなく、両方の関わり合いによって生じる問題である。このような関係を「**相互障害状況**」という。まさに、T子への指導実践は、相互障害状況から脱却しようとした努力の過程といえよう。体験学習は、障害との相互障害状況を直視させ、それから脱却するために、通常児も障害児もお互いに努力し合い、また、少しでも歩みよっていく学習である。

③体験学習における留意事項

　特に銘記すべき事項の若干を述べてみよう。

　デメリットの容認：障害児と一緒に活動すると、デメリットが生ずる場合があることは、直視すべきであろう。例えば、ドッチボールやバスケットボールなどで、障害児と同じチームになることは、負けるといっても過言ではない。負けてもよいが、障害児が一生懸命努力してくれるのであれば、まだしも納得できる。しかし、本気ではなく、冗談でして

いるようにみえると腹が立ってくる。このような場合、仲間から、「頑張るように」という非難とも激励ともいえる声があびせかけられる。以前、M特別支援学校で研究会があったとき、「ゲームなどでどうしたら一生懸命参加させられるのか」、という参会者の質問に対して、当番校の教師が“目的意識をもって、一貫した活動ができないのが知的障害児ではないか。それがスムーズにできるようであったら、障害児ではない。**ありのままを受け入れて欲しい”**という熱のこもった応答があった。

　関わり合いにおける質的視点からの賞賛：しかし、一緒に活動すると、仲間同士がお互いに励まし合って熱心に努力することになる。そのために、集団の結束が強くなり、また、きまりを忠実に守ろうと心掛けるようになる。従って、ゲームなどでは、**審判をする教師**は、ただ、勝ち負けだけでなく、**努力や激励、連帯感**などの質的側面も、全員の前で表彰すべきである。表彰式の際、勝ち負けの判定ばかりでなく、“○○班は、チーム全員が心を合わせて頑張ったので、「**ガンバッタデショウ（賞）**」を送ろう”と提案するのである。そうすると、負けて悔しかった子ども達も気持が、○○ちゃんと一緒に努力して良かったという満足感を味わうことになる。障害児と一緒に努力して生じたメリットは、些細なことでも声を大きくして認めて欲しい。

　個人が包含できる授業の構築：知的能力が問われる教材で、共通の目当てが要求されると、知的障害の子は、参加できないことになる。同じように運動能力に障害がある子は、体育には参加しにくいことになる。しかし、学習の目当てを多様化させ、全員が同じ目当てではなく、能力に合わせた**段階的な目当て**を教師が工夫しさえすれば、その子なりに十分に参加できるのである。例えば、ドッチボールで、ルールが分からない知的障害の子には、教師と一緒に審判の役をさせるようにすると、ルールが覚えられることになり、同時に、他児はボールの投げ方、受け方を学ぶことができる。

第Ⅱ部　思いやりの心情を育てる取り組み

２）理解学習

　理解学習は、障害児と直接、かかわり合いをもたせないで、**読み物教材や視聴覚教材、体験発表**などを介して心情理解を図る方法である。本項では、その内の読み物教材を取り扱う。読み物教材は、授業の仕方次第では、全く、効果が期待できないことになる。文科省や県指定の障害児理解推進校の実践発表会等では、知的理解は高まるが、**行動的理解までには達しない**という批判の声が強い。筆者は、それは授業の仕方に問題があるのであって、国語の読解力指導の仕方でなされているからだと思う。そこで、行動的理解まで深まる効果的な授業スタイルの構築に挑戦してみることにした。

①「せきがえ」……奈良県同和教育研究会編「なかま」 ^{資料・教材１）}

　物語を概略説明すると、席がえでできもののできている「さよ」と同席に「ひろし」と「よしお」は、並びたくないという。「きよし」は、“そんなこというな”といって、その発言をたしなめる。教師は、「さよ」が家でできものがなおるようにしている努力を説明させる話である。２学年の２学級に、１学級は**読解中心の授業**、他の１学級は**理解中心の授業**を行ない、心情理解の深まり方を比較してみた。両授業スタイルは、表４のとおりである。

表４　授業スタイルの対比

	読解中心の授業	理解中心の授業
導入	物語全文の指名読み	物語前半の指名読み
展開	〈内容理解〉 ●登場人物の立場や行動の 　読み取り ●難しいことばの意味	〈心情理解〉 ●はじめの立場の明確化 ●反対の立場を関連づけた葛藤 ●立場の再明確化
まとめ	●板書事項の一斉読み ●物語全文の指名読み	●物語後半の指名読み ●最後の立場の決定

170

表4の中の**理解中心の授業**の物語前半は、「きよし」が“そんなこというな”とどなるところまでで、後半は、教師が「さよ」に説明させるところからである。先ず、導入段階で前半部分を数名に朗読させ、できものについてのイメージ化をはかる。その後“**もし、あなたの学級にさよちゃんみたいに身体にできものができている人がいたら、同じ席にすわってもいいですか。いやですか。**（この問は、理解問題であり、学習効果をみるために事前、直後、事後に3回使用、）と質問する。次に理由を書かせ、発表させる。理解中心の授業群の回答について述べると、〈**すわりたくない**〉**24名**。（理由）●くさくて気持ちが悪い、●うつったら、ぼくまですわりたくないと言われる、●かわいそうだが、うつったらこまる、●見るのが気持ちが悪い等々。

〈**すわってもよい**〉**14名**。（理由）●うつると困るけど、かわいそうだから、●自分がいわれたらいやだから、●いっしょうけんめい、なおそうとしているから等々。

その後、**すわりたくない立場の子ども**を立たせ、1人ずつ、すわってもよい反対の立場の理由をぶっつけて、本音がでるまで、問いつめていく。ここが授業でもっとも、念入りに取り扱わねばならない時間帯で、教師は、粘れるだけ粘って発言を求める。次に**すわってもよいとした立場の子ども**を立たせ、同じ方法で問いつめていく。

両方が終わってから、教師は、「どちらの立場も自分がそう思うことであり、正しいとか、間違っているとかは言えないこと」をかんたんに付け加える。最後に後半部分を数名に朗読させる。

両授業スタイルの効果を比較すると、表5と表6のようになる。事前は話し合う前、直後は授業直後、事後は1か月後の調査である。読解問題は、読解群にだけ、効果が現れており、これは当然のことといえよう。理解問題は、前述した質問であるが、**理解群**にだけ、直後に効果があらわれ、それは1か月後まで持続している。ちなみに人数での変化は、事前、直後、事後、それぞれ、すわりたくないが24名→10名→9名、すわってもよいが14名→28名→29名と推移していく。特に、**読解群に全く、効果**

第Ⅱ部　思いやりの心情を育てる取り組み

が生じなかったことは銘記すべきであろう。

表5　読解問題の平均得点（最高点：9点）

授業	人数	事前		直後		検定
		平均	SD	平均	SD	
読解	37名	6.4	1.5	6.7	1.5	※
理解	38名	6.7	1.3	6.5	1.6	N.S

P＜.10 …※　　　P＜.05 …※※　　　P＜.02 …※※※　　N.S…変化なし

表6　理解問題の効果

授業	事前→直後	直後→事後	事前→事後
読解	N.S	N.S	N.S
理解	※※※	N.S	※※

②「親切のつもりでも」……
福岡県社会福祉協議会編「ともに生きる」 資料・教材2)

　物語の概略は、左目の視力が障害の「ゆかり」がミニ・バスケットボールの練習中、ボールを落としたことに対して「とし子」が"ゆかりちゃんだけは許してあげる"と言った発言に、「ゆかり」が特別扱いしてほしくないと悩む話である。5学年の2学級に、1学級には読解中心の授業、他の1学級には理解中心の授業を行った。

表7　授業スタイルの対比

	読解中心の授業	理解中心の授業
導入	●物語前半の指名読み ●段落の確認	●物語前半の指名読み
展開	〈内容理解〉 ●登場人物の様子や行動・気持の読み取り ●難しいことばの意味	〈心情理解〉 ●はじめの立場の明確化 ●反対の立場と関連づけた葛藤 ●立場の再明確化
まとめ	●物語後半の指名読み ●登場人物の気持と題名との関わり	●物語後半の指名読み ●最後の立場の決定

　授業スタイルは表7のとおりで、「せきかえ」とほぼ、同じである。違

うのは、どちらも物語前半と後半を別けて取り扱った点であり、前半は、「とし子」が"許してあげる"というところまで、後半は、それから後で、「ゆかり」がそのことについて悩む部分である。核となる質問は、**"もし、あなたがとし子さんの立場だったら、許すといいますか、いいませんか"**である。理解授業群について回答を述べると以下のようになる。

〈**許すという**〉**10名**。（理由）●目が悪くてボールが見えないのだから、仕方がない。●必死で頑張っていてボールを落としたのだから、仕方がない。●自分も目が悪いので、気持ちがよく分かる。●親切のつもりでいっているのだから等々。

〈**許すといわない**〉**27名**。（理由）●他の人にひいきをしているように思われるから。●ミニ・バスケットボールのメンバーなので。●左目が悪いだけで右目は見えるし、誰でもへまはするから。●みんなに迷惑をかけないように必死で頑張ろうとしているのに自分だけ親切にしてもらったらいやだから。●左目が見えないことを気にしているのに許すと言ったら、ますます、気にするから等々。

　先ず、許すという立場の一人ひとりに反対の立場の理由をぶっつけて**心的葛藤**を起こさせる。次に、許すといわない立場の子どもに反対の立場の理由をぶっつける。話し合いの過程で判明したことは、**許すという立場の中に、"いいたくない。しかし、左目がよく見えないのだから、どうしてもいってしまう"**というどちらか決めかねる、当惑している数名が含まれていた。この応答には、**同情を超えた厳しさがある反面、人間味あふれる心情がうかがえ**、それ以上、追求することができなかった。また、許すと言わない立場に、"ミニ・バスケットボールの試合に負けたら困るから、どうしても頑張ってもらわないといけない"という「ゆかり」の障害状態を無視した自己中心的の応答が含まれていた。即ち、許すといわない立場の理由に、**相手に強くなって欲しいからという真の理解に立つ**ものと、全く、立っていないものとがあることがつかめ、教師は、理由を含めて判断する必要性があることを痛感した。

第Ⅱ部　思いやりの心情を育てる取り組み

表8　読解問題の平均得点（最高点：3点）

授業	人数	事前		事後		検定
		平均	SD	平均	SD	
読解	37名	2.3	0.6	2.9	0.4	※※※
理解	38名	2.2	0.7	2.3	0.6	N.S

表9　理解問題の効果

授業	事前→直後	直後→事後	事前→事後
読解	N.S	N.S	N.S
理解	※※※	N.S	※※※

　結果は、表8と表9の通りで、「せきかえ」と同じように、読解問題では、読解群に、理解問題では理解群に直後テストで、顕著な変化がみられ、後者では、その結果が1か月後まで持続していた。ちなみに**理解群**における事前、直後、事後調査の人数の推移は、許すという立場が、10名→6名→7名、許すと言わない立場が、27名→31名→30名であった。

③理解学習における留意事項

　自分の立場の明確化：理解学習では、物語を読むとき、評論家的視点から、また、第三者の立場で客観的に読む仕方は、適切ではない。**登場人物の特定の一人になりきって**、自分だったら、同じように対処しただろうか、しなかっただろうか。その理由は何かを考えながら読む。話し合いの過程においては、当座は、はじめの立場にこだわらせたいために、メモ用紙に書かせる一方、全員の面前で、挙手などにより、立場を明確にしておく。

　多様な立場の違いをふまえての自分の立場の再明確化：お互いに発表し合い、いろいろな立場やそれに対応する理由があることを知る。自分とどこが違うかを考える。自分と友達との違いを比較すると、それぞれには、利点、弱点があり、考え方の矛盾があったりすることに気付くであろう。初めの発想でよいのか、間違っているのかといった**価値観を押し付ける方向づけは絶対にしてはならない**。もし、本児がそれに気づか

ないのであれば、その時間はそのままでよしとする。まだ、次回がある。

　本音がでるまでの徹底的追求：学校では、教科学習を問わず、すべての授業において、**建前中心**になされる。質問には常に正答があり、誤答がある。誤答を言うと、訂正される。**心情理解の授業**では、応答はすべて、**正答、誤答の範疇に入れて判断するものでなく**、本児がそう考えるのであるから、仕方がないのであり、それが真実なのである。従って、教師は、子どもの発言を評価したり、批判したりすることを避け、**ひたすらに、受容する**。とにかく、本音がでてくるまで、**建前くだきに努力する**。

3）心情理解学習の必要性

　障害者不在の社会はない。：厚生労働省は、平成23年〜26年に行った全国調査により、国民の凡そ6.7パーセントが何らかの障害：身体障害、知的障害、精神障害、を有することを明らかにした。また、文部科学省は、平成24年に全国の学校調査により、全児童生徒に対する、特別支援学校・学級・通級学級に在学する者の割合は、2.7パーセントであることを明らかにした。両資料は、対象が異なるので、同一比較はできないが、無視できない、多くの障害者が私たちの周辺にいることが分かる。

　通常学級に求められる心情理解教育の必要性：平成24年に文部科学省が、小・中学校に調査した結果によると、「発達障害児」の在学率は、6.5パーセントである。その対象として、学習障害（LD）、注意欠陥多動性障害（ADHD）、高機能自閉症、特別な教育的支援を必要とする児童生徒、を挙げている。これらの障害児には、通常児との人間関係がスムーズに取れない子どもが多数、含まれている。従って、親和的な学級集団を形成するためには、積極的に心情理解の教育を行うことが求められる。

　障害者と共生する時代の到来：厚生労働省は、平成28年に従来の「障害者雇用促進法」を、障害者が一段と多く就職でき、生活の安定化が図れるよう、改正した。その一環として、企業に、法定雇用率のアップを義務付け、更に多くの企業に範囲を拡大して、今までより、多くの人数

第Ⅱ部　思いやりの心情を育てる取り組み

を採用するよう求めた。多くの企業は、その法律に応えるため、障害者が働くことができる場を開拓したり、働くことができる能力育成の機会を設けたりして、色々な問題の解決に取り組んでいる。既に、たくさんの障害者を雇用している企業もある。特に働ける場を選ばないのであれば、能力に応じた機会はたくさんある。また、職場を離れた日常生活では、趣味や希望に沿った活動が、支援者の協力を得ながら、不自由なくできる。恐らく、現在の子ども達が成長して、大人になり生活する社会は、障害者と共生する時代になっているのではないだろうか。そのためには、小・中学校時代に、その基盤となる心情理解の教育をしっかり、育成しておく必要があろう。

【資料】

教材１：「せきがえ」……奈良県同和教育研究会編『なかま』

　　　　せきがえが　ありました。「まだ、いっぺんも　ならんだ　ことのない　ひとと　ならびましょうか。」と、せんせいが　おっしゃいました。ひろしくんが、さよちゃんと　ならぶの　いやだ。」と、大きな　こえで　いいました。さよちゃん、できもの　できてて　くさいぞ。」と、よしおくんも　いいました。さよちゃんは　したを　むいて、なきそうな　かおを　していました。　その　とき　きよしくんが、「そんなこと　いうな。」と、どなりました。　みんなは、びっくり　しました。せんせいがさよちゃん、いえで　できものが　なおるように、まい日いっしょうけんめい　して　いる　ことを　はなして　ごらん。」と、おっしゃいました。さよちゃんは、なみだを　ふきながら、いっしょうけんめいに　いいました。まい日、三かい　くすりを　のんだり、つけたりします。くすりの　はいった　ゆで　ぎょうずいも　します。あさ　おきた　とき、しゃつが　からだに　ひっついて　とても　いたいです。でも、がまん　して　おかあちゃんに　とって　もらって、また、くすりを　つけます。くすりの　においは　くさいけど、なおってほしいから　たくさん　つけます。みんは、さよちゃんの　はなしを　じっと　きいて　いました。

1章　通常児に思いやりの心情を育てる学習支援

教材２：「親切のつもりでも」……福岡県社会福祉協議会『ともに生きる』

　　五年生になって、左目が悪いことに気づいた。病院に行ってみると
ずいぶん視力が落ち、「治るみこみはほとんどない。」と言われた。し
かし、少しでもよくなるようにと治療と訓練が始まった。毎週水曜日、
大学病院へ通った。そのころクラスのみんなは、市内体育祭のミニ・
バスケットボールの練習にはげんでいた。いくら左目が悪くても右目
は見える。決してくじけなかった。みんなに世話をかけないように必
死でがんばった。ボールはよく見えるから助かった。ところが、「三角
パス」の練習をしているときだった。ついわたしがボールを落として
しまった。友だちのひとり、とし子さんが、「ゆかりちゃんだけはいいよ。
目が悪いからボールを落としても許してあげる。」と言ったのだ。「う、
うん。」わたしは何げなく返事をしたが、心の中はなみだが出るほど悲
しかった。つらかった。とし子さんは、わたし以外の人がボールを落
とすと、ガミガミ、ガミガミ、「ボールばしっかり見らんね！」と言う
のに、わたしのときだけは「いいよ。目が悪いから……。」それは、と
し子さんのわたしに対する親切な心づかいだったかも知れない。でも、
「ゆかりちゃんだけは。」あの言葉が頭からはなれない、「ゆかりちゃん
だけは特別に許してあげる。」と言われて、「ありがとう。」とすなおに
答えることはできなかった。この気持ちは、ほかの人にはわからない
かもしれないが……。

　　その日、家に帰ってないてしまった。がまんしていたなみだが流れ
出し、目がはれるほどないた。悲しかった。くやしかった。「この目の
ために、この左目のために、こんなことを言われるなんて……。もう
ミニ・バスケットボールの練習なんかやめたい。」「このわたしを特別
あつかいしないで。ほかのみんなと同じようにあつかってよ。」と、わ
たしはとし子さんに言いたい。

177

第Ⅱ部　思いやりの心情を育てる取り組み

3　障害児理解の学校経営

－特別支援学級設置校長研修会での講話－

1）浮上する問題への対応の難しさ

①校長の仕事

　特別支援学級に所属するＡ君は、登校したら真っ先に、校長室に「お早うございます」と挨拶にくる。校長の日課は、Ａ君と共に始まり、共に終わると言っても過言ではない。校長室に入ってきて、掲示してある学校の鳥瞰図の「体育館」と「運動場」を指さし返答を求め、校長が応答すると、安心して教室に帰って行く。

　給食が終わると、すべて残さず食べてしまったことを報告に来る。帰校時には、窓越しに校長室を覗き、校長が"サヨウナラ"と言うと、ニコニコして、帰って行く。Ａ児にとって、校長とは親しい友達であり、心を支えてもらえる、もの分かりのよいおじさんであるらしい。

②対応に困る問題

　障害児への対応の仕方が分からない：何となく接する上では特に支障はないが、改まって、教育的に対処しようとすると、分からないことが多い。言葉や数がない子がいる。注意散漫で、落ち着きがない子がいる。紐を握って放さなかったり、水遊びの好きな子がいる。常識的な考え方では処理できない場合が多い。

　言葉がない：ことばは、相手を必要としない、独り言を言うことに終始しているのであれば、何の役にも立たない。相手に自分の気持ちを伝えることが出来るのであれば、「身振り」でも良いはずである。言葉のない子の「コミュニケーション」の指導、非言語による交信の仕方の指導が必要になる。

178

1章　通常児に思いやりの心情を育てる学習支援

数が分からない：数を唱えたり、数字を書くことが、算数の指導と思っている教師がいる。2桁の繰り上がり、繰り下がりのあるたし算、引き算ができるのに、「鉛筆1本、持っており、1本買いました。合わせて、何本になりましたか」といった具体的課題になると、さっぱり、出来ない。これではせっかく憶えた足し算、引き算が意味をなさない。数以前の「かず」の指導、かずのない算数指導、準数概念の指導が重要になってくる。

多動傾向：よく動くのは、落ち着きのない行動、席についていることが落ち着きのある証拠という通常児への捉え方の発想は、障害児には、当てはまらない。多動傾向のある子にとって、よく動くのが情緒安定した落ち着いた行動であり、静かにしているのは、病気か、心配ごとがある時である。

自己内刺激：悪い癖は、矯正しようとするのが、教師の発想である。紐を握って放さない、水遊びで泥んこになる行動は、故意にやっているのではない。自分に刺激を入れて、心の安定感を得ようとしている適応行動である。「**自己内刺激**」と言われる。子どもの心情をありのまま認めてやることが大切である。顕現した行為だけを見て、「良い・悪い」と判断するのは良くない。

進路：見通しが立たない点も悩みの種である。近年、中学校特別支援学級卒業生で進学を目指す生徒が増えている。特に特別支援学校高等部に進学する生徒が増加傾向にある。普通高校等へ進学する生徒も少数は、見受けられるが、特別な配慮が十分でないため、退学する生徒がいると聞く。**進学希望校を選択する場合**は、十分に事前調査をする。その場合、本人と一緒に直接、志望校へ出かけて、模擬授業を体験させ、慎重に考えて、本人の納得の上で、決定することが望ましい。また、進学した後は、常時、中学校時代の担任は、現在の担任や本人と会って、丁寧に相談に乗ってやる機会をつくることが、肝要である。

入級措置：就学指導委員会や学校から、特別支援教育の該当児と診断された子どもが、保護者の了解が得られず、方針通りに措置できない点

第Ⅱ部　思いやりの心情を育てる取り組み

も悩みの種である。「**通常学級の中で生活力を身につけて頂ければ良い**」
と保護者は言う。ところが、通常学級では、得てして、日常生活習慣・
ことば・数の基礎学力等の学習は、取り扱われていない場合が多く、劣
等感が強化され、また、不登校になり易い。　**メリットやデメリット**を
十分検討して、決定したい。また、学校側は、入級措置の基準だけに拘
泥しないで、年間目標や数年後の長期目標や進路方針などを踏まえ、保
護者と話し合い、どのように対処するのが、もっとも、本人のためにな
るか、弾力的に決定して欲しい。

２）特別支援学級該当児の行動特性、診断、指導法

①知的障害児

　障害になった原因によって、2型があり、対処の仕方が異なる。第1種
類は、難産や重症黄疸などのため、脳が損傷を受けたような場合である。
病理型知的障害児と呼ばれる。他の１種類は、原因が何ら見出せない場
合で、**生理型知的障害児**と呼ばれる。これらの知的障害児への接し方に
ついては、第Ⅰ部２章－２「課題解決能力からみた行動特性」を参照し
て欲しい。

　それとは別に脳の損傷は受けているが、知能は劣っておらず、特異な
行動を持っている子ども達がいる。**発達障害児**という。自閉症にも色々
な種類があり、近年、脳の損傷が原因であることが分かってきた。これ
らの**脳損傷を有する障害児**には、共通的に特異な行動が認められる。ア）
多動性、被転導性、イ）**聴覚的言語の障害、**ウ）**こだわり、**エ）**非社会
性等**である。近年、このような子どもについては、通級制の特別支援学
級で取り扱われることになった。詳細は、第Ⅰ部５章－２、「発達障害
児の知覚－運動学習」を参照して頂きたい。

　指導方法として、「**知覚－運動学習**」がたいへん、有効であるといわ
れる。**エアーズ，A.J.**の考え方によって、説明すると、神経系は、延髄・
脊髄→脳幹→大脳辺縁系→大脳皮質の順序で発達する。ことばをコント

ロールし、物事を考える「大脳皮質」が、十分に活動するようになるためには、下位の神経系の発達が十分になされていなければならない。障害児には、**脳幹、大脳辺縁系に機能不全**をもっている子どもが多い。これらの器官の発達を促すために、事物に触れる、歩く、走る、平均台を渡る、トランポリンで跳ぶ等により、脳幹部を活性化させる。また、鋏で切る、図形を書く、聞いて行動する等の知覚と運動との協応訓練等によって、**大脳辺縁系**は発達すると言う。とにかく、移動を中心にした粗大運動や手指運動等の微細運動を継続的にたくさん取り入れることが必要であると言う。

②情緒障害児

　学校嫌いの子とか、緘黙の子とか、乱暴をはたらく子が近年、増加傾向にある。情緒障害児と言われる子どもたちである。注意したいのは、「情緒障害児」と「情緒の障害」とは、異なるということである。**情緒障害児とは、心理的原因**によって、生じるのであり、脳損傷によって生起する異常行動をもつ子とは区別する。従って、前述した脳損傷を持つ学習障害児や自閉児等、いわゆる発達障害児は、情緒の障害を持っているとは言っても、情緒障害児とは言わない。

　心理的原因による場合は、不適切な環境があると考えて間違いない。従って、環境の改善に努力すれば、自然に良くなる場合が多い。**不登校児**は、不適切な家族関係、例えば、母親と祖母との仲が悪かったり、父親と母親とがしっくりいっていなかったりする場合に起こりやすいし、**緘黙児**は、家庭での人間関係と学校での人間関係の在り方が極端に異なる場合に生じやすい。

3）通常学級児童への対処

①交流学習の2形態

　体験学習：設置学級の子どもが通常学級の子どもたちと一緒に学習す

第Ⅱ部　思いやりの心情を育てる取り組み

る機会を設ける方法である。第Ⅱ部1章－1，2を参照して欲しい。

　理解学習：設置学級所属の子どもは、少数であり、通常学級は、多人数であるため、すべての子どもに触れ合いの機会を作るのは、限界がある。そのため、通常学級では、読み物教材、VIDEO、施設訪問等により、**障害児への心情理解や「心の豊かさ」**の形成を図る。これも第Ⅱ部1章－2を参照して頂きたい。

②留意したい事項

　直接体験学習では、特別扱いをして、**「保護者的接し方」**になってしまう場合があり、避けなければならない。ドッチボールのとき、該当児が受け取れるよう、力を入れずに投げてやるとか、給食で、残しても、本児だけは特別、許してやる等、悪いとはいえないが、このままでは、本児のためにはならない。どうするのが一番良い対応の仕方か、必要が生じた機会に、十分な時間をとって、みんなで話し合うのが良い。

　読み物教材を、理解学習として、特別に時間を設定するのは、現状のような過密な時間割の中では、編み出せない。無理に設けるとなると、教材の選択、授業スタイル等を事前に入念に準備する必要があろう。そうだからといって、しないのではなく、十分に教材研究した上で、是非、実施して欲しいものである。

4）学校ぐるみの取り組み

　支援学級の子どもが、学校に定着するのは、**通常学級の仲間づくりが**うまく出来ている場合である。支援学級の子どもに対してだけ、「思いやり」を習得させようとしても、難しい。自分に不利益な事態が生じれば、安易に利己的な行動が前面に出てしまう。**場当たり的接し方は長続きしない**。長い目で、どのような子どもになって欲しいか、そのために、今の学年では、また、1学期間では、というように、計画的に、根気強く、腰を据えて取り組みたい。設置学級担任と校長との二人だけで、取り組

1章　通常児に思いやりの心情を育てる学習支援

み方を共有するのではなく、**校内全職員**とも話し合いたい。その中には、養護教諭や、給食職員とも情報を共有したい。

　障害児理解の教育の取り組みは、まだ、日が浅い。校長の取り組み方の姿勢次第で、確実に、学校全体の雰囲気は変化する。**障害児教育を中心に据えた学校経営**を行う校長であると、理解教育は、著しく進展するし、無理解な校長であれば、火が消えたように差別の横行する学校になってしまう。是非、「**思いやりのある学校体制づくり**」、それから、障害児に対して、的確に対処できる校長になって欲しい。

2章
思いやりのある子が育つ家庭環境（家庭教育）

2章　思いやりのある子が育つ家庭環境（家庭教育）

1　思いやりの心情が育つ家庭の条件

1）しつけの実態

①しつけの調査

　小学校3年生、37名在籍するクラスに聞き取り調査をした。「お母さん
が嫌いになるときは、どんなときですか」と質問をしたところ、25名が
「叱ってばかりいるとき」と答えた。「では、どんなことをしたときに、
叱られますか」と再質問したら、12名が「勉強しなかったり、テストで
悪い点を取った時」を挙げ、8名が「兄弟喧嘩をしたとき」と答えていた。
続いて、「どんなとき、誉められますか」と尋ねると、「テストや通知簿
の点数が良かったり、勉強を良くしたとき」が20名、「お使いや、お手
伝いをしたとき」が11名、答えた。それ以外の答えもあるので、どれも
100％にはなっていない。

　以上から、家庭での「しつけ」は、勉強中心になっていることが分か
る。結果から言えることは、今日の社会が**学歴偏重**であり、有名な学校
を出なければ、良い仕事に就けない、生存競争に負けないことが、立派
なことだ、と考えて、とにかく**"勉強、勉強"と一途に子ども達を追い
込んでいる家庭が多い**ということであろう。

　一方、学校の視点からみても、同様に学力重視の傾向が伺える。広島
市内の小学校の教師に「**適応していない子ども**」の特徴について挙げて
もらった。1〜2年生では、入学までに体得していなければならなかっ
た基本的な生活習慣が身についていない子、3〜4年生では、自分勝手
な行動をするとか、授業をかき乱す子、それが5〜6年生になると、勉
強の遅れた子になる。**高学年になるにつれて、勉強がついていけない**こ
とが、重視されることになっていく。

　ある小学校での話であるが、"嘘をつくことがありますか。誰につき

187

ますか"と質問すると、"友達に向かってつく"という。"どんな嘘？""塾や家庭教師について勉強していても、行っていないという"。"どうして？""お母さんがそう言いなさいと言った"、"なぜ？"と尋ねたら、"友達も塾や家庭教師につくようになるからでしょう"。"友達が塾に行ったらいけないかしら""そりゃ友達の成績が上がったら困るからでしょう"（笑）。このように、大変、現実的で、学校では適当に遊び、放課後は、こっそり勉強するという子どもが、結構、多数、いるように思うのである。自分だけが良ければ、自分一人だけ立派になれば、という**利己的な考え方が子ども達の心に芽生えている**のではないか。恐ろしいことである。

　このような子ども達の少数が、学歴社会にうまく適応していくのではないか。反面、大多数の子どもは、その犠牲者になっているのではないだろうか。しかし、自分は成功したつもりで自負している子どもも、案外、同等の能力を持つレベルの中で、激しい競争があって、苦しんでいる犠牲者なのかもしれない。このような混乱した社会の狭間にあって、生活を上手く処理できず、不適応行動を起こす子どもが生起しているのではないだろうか。

②家庭内暴力が生ずる原因

　家庭内暴力について、以前は、このような問題児が発生する家庭は、その原因がおおよそ見当がつく特定の家庭に絞られていた。近年では、**非行の一般化**と言われるように、ほとんど、普通の家庭、それも経済的には困らない裕福な家庭に多く、子どもの成績は中から上で、家の外では大変礼儀正しい子どもが多いようである。**男子高校生の症例**を紹介しよう。高校２年生の中間試験の直前になって、「にきび」を気にし始め、学校に行かないと言い出した。不登校は、些細なことがきっかけで始まるものである。病院に行ったり、にきび取り器を取り寄せたりしても治らない。学校に登校しなくなり、友達が定期試験を受けている期間は気になるのか、落ち着いておれなくて、いらいらし、その不安を母親にぶっつけるようになった。夜も寝かせない。寝れば水をぶっかける。洋服は、

2章　思いやりのある子が育つ家庭環境（家庭教育）

外出できないようにズタズタに切り裂く。その内、小遣い1万円出せと強要するようになった。それが段々、エスカレードし、10万円になる。それまで、無視していた**父親も**、**強い決心**の下、金銭を与えることは、絶対に認めてはいけないと覚悟して、**対決する**。しかし、結果は、子どもの要求通りに約束させられてしまった。ところが、どうしたことか、2週間して、急転直下、学校に行くようになったのである。その子は学校で10番以内に入るような成績のいい子だったのである。どうも中間テストの勉強が十分にできていなかったらしい。不登校を起こす前までは、いい子で親の言いなりになっていて、「勉強をしなさい」と言われて素直に従っていたが、もうその重圧に耐えられなくなったのではないだろうか。

　子どもの勝手な法外な要求を受け入れた時点で、立場が逆転し、両親が、症児に従う関係に変わったわけである。つまり、一般に、**中学・高校時代には第2反抗期**という、子どもが両親の下から離れて、自立していく過渡的段階の時期が誰にでもあるが、この発達課題を獲得するために、この子にとっては、これほどまでに親に反抗しなければ獲得できないような家庭環境であったのであろう。母親は、立派な仕事に就いている父親を誇りにしていて、子どもにも父親のように偉くなって欲しいと過剰な期待をかけていたのではなかろうか。

　素直であるが故に、それに従おうと努力したが、いつまでも耐えられるものではなかった。これが**家庭内暴力**という形になって爆発したものと考えられる。この高校生のように、周囲から、過剰な期待をかけられ、勉強を強いられている子どもが多いのではないか。その結果、利己的な自己中心の考え方が身に就いてしまう。つまり、**勉強中心の教育の犠牲者**ではないだろうか。勿論、より良い成績で、より難関の学校へ進学することが悪いとは断言はしない。それだけが教育にとって、唯一、大切なものか、また、それだけで、真の幸せは掴めるのかというと、"否"といいたい。

第Ⅱ部　思いやりの心情を育てる取り組み

２）家庭で「思いやり」を育てる

①わが子のやさしさに気付く親でありたい。

　子どもが家に帰ってきて、学校での出来事を話すことがある。しかし、母親は、一般的な話であれば、無視、または、聞き流している場合が多い。成績だけを気にして、しつっこく尋ねたり、直ぐ、勉強へと追い立てたりする。しかし、落ち着いて、しっかり、話を聞いてやると、わが子のやさしさに気付くことがたくさんあるのではないか。「**子ども達が物を粗末にする**」とよく、言われる。「物が有り余っているから当然であろう」とも思う。しかし、視点を変えて考えてみると、その子にとって、気に入った、「**思い入れ**」のある特別の物であれば、大切にするものである。

　個人的な話になり、恐縮であるが、**ビジュー先生**というイリノイ大学教授で、障害児教育の国際的にも著名な研究者が、日本にみえて、拙宅を訪問して下さったとき、お土産に「**ゲイラカイト（凧）**」を頂いた。その凧を、息子と，大晦日だったと思うが、近くの広っぱに出かけて、筆者が揚げたところ、風が強い日であり、瞬く間に、空高くに舞い上がった。そこで、糸を息子に手渡すと、しばらくは調子よく揚げていたが、はずみで糸を手放してしまった。凧は増々、風に乗って、高く空に舞い、裏山を越えて遠くの方へと飛んで行ってしまった。筆者は、大切な凧なので、何とか探し出さなければいけないと思い、大晦日の慌ただしいときではあったが、数時間、夕闇が迫る頃まで、雑木が生い茂る山の中を探し回った。残念ながら、見付からなかった。帰宅して、息子にそのことを説明すると、"代わりの凧は、いくらでも、売っているよ。新しい凧を買えばいいんじゃない"という。筆者は腹が立って、"あの凧でなければいけないんだ。恩師から頂いた、他の凧では代えられない、大切な、おとうさんにとっては宝物なんだよ"と思わず怒鳴った。物を大切にするとは、如何にその物に心がこもっているか、ということだと思う。

190

2章　思いやりのある子が育つ家庭環境（家庭教育）

②家庭の中にいなければならない唯一の存在として認めてやる。

　家内が入院したとき、筆者は、中学生の上の子に、お茶碗洗い、小学生の下の子に拭き掃除をお願いした。退院してからも、"二人が手伝ってくれるから、お母さんは病気が悪くならないで、いられるのだよ"とお手伝いを認めてやって、続けさせた。つまり、家の中での、2人の役割、分担をはっきりさせて、自分も居なくては困る家族の重要な一員であることを自覚させるように心掛けた。「思いやりのある人間」を育てるには、家族から思いやられ、子ども自身も思いやりを返し、お互いに思いやり合う間柄が、より強い家族関係を形成させていくと思う。それが基本にあって、友だちや社会の人たちに対しても、積極的に思いやれるやさしい心が生まれるのではないだろうか。

③心情を認める叱り方を心掛ける。

　それでは、どのように接していけばよいか。子どもに気になる言動があれば、はっきり、注意しよう。いつまでも、こだわるのではなく、その場限りで、余韻を残さない方がよい。体罰はできるだけ止めよう。反対に、望ましい言動を、些細なことでも探し出して、大げさに褒めてやる方が効果的である。"助かるよ"とか、"有難う"と言葉掛けできる機会を探すようにする。**叱り方**について、心を育てる方法は、**感情を認めて、行為を認めない**というのが良い。例えば、兄弟喧嘩をしたとする。それぞれに言い分があろう。その理由をしっかり聞いてやり、"あなたの気持ちはよく分かるよ。でも、殴ったのは、どういうことなの？"というように、ただ、叱るだけでなく、気持ちは受け止めてやり、行為は認めない叱り方が良い。それぞれの子どもが、両親に、自分の気持ちをしっかり、分かってもらっているという信頼感を抱くことが、心を育てるためには大切である。社会には、色々な考え方の人がいる。お互いに、相手の立場を認め合い、みんなで伸びていく心構えが、ひいては、自分や家族の幸せに返ったくるという、**相互関係に気付くこと**が、大切であろう。

第Ⅱ部　思いやりの心情を育てる取り組み

2　日常茶飯事にみられる「子育て」考、四題

1）子どもの言いなりになる親

　梅雨の頃だったが、Ａ小学校の5年生の男の子のＮ君のことで、その子は、ダウン症であるが、母親から、筆者のところへ電話があった。それは、「**夜尿**をしますが、昼間もときどき失禁をして、十分ではないですが、**どういう躾をしたら良いでしょうか**」という相談であった。たまたま、その日、Ｎ君は、学校を休んだということで、筆者を付属小学校の校長室に訪ねてみえた。"今日は、どうして学校へ行かなかったのですか"と聞くと、"お腹の調子が悪くて、下痢するものですから、病院に行って、その帰りに先生の所に来ました"という話であった。

　筆者の椅子と相対して、テーブルがあり、向こう側の安楽椅子に、Ｎ君と母親が腰かけていた。"どうしたら、いいでしょうか"と尋ねられたので、"それは、夕方から就寝の時間まで、水分を少な目に与えれば、夜、おしっこをすることはありませんよ。水分の摂取量を制限したら、如何でしょうか"と話していると、Ｎ君が、私に気付かれないような素振りで、チョッツ　チョッツと、母親の袖を引っ張っている。"あんた、お腹をこわしているんでしょうが"と母親が小声で制止するように、言う。買い物かごの中には、**魔法瓶に湯冷ましと、長いミルクパンが5本の袋**が入っている。母親は、"チョットだけね"と言って、湯冷ましを飲ませている。また、しばらくすると、チョッツ　チョッツと、引っぱる。今度は、パンの方を指す。また、"あんた、お腹をこわしているんでしょうが、もう、これだけだからね"と言って、パンを半分位、あげる。すると、すぐ、食べてしまう。

　筆者は、そういう触れ合いを眺めながら、"もう一つ、考えられるのは、もし、夜中にトイレに連れて行かなければならない時には、**完全に目を**

覚ましてから、連れて行って下さい"と言った。"寝ぼけて連れて行くのは、もらしているのと同じですよ。どこに寝かせているんですか"と尋ねると、"トイレの隣に寝かせています"と言われる。"それは、まずい"と、筆者が強く言う。

　二階にも部屋があると言われるので、"二階に寝かせなさい。そこから、トイレに行く間に目が覚めますからね。目が覚めるから、それが良いのではないですか"　そうすると、母親が、"二階は、お姉ちゃんが受験勉強をしていて、上がれないようになっています""上がれない事情は分かりました。しかし、夜尿もなんとか、治さなくてはならないのでしょう"と言うと、"ハイ"と、うなずかれる。すると、N君がチョッツチョッツと母親の袖を引っぱる。"先ず、水分の摂取を制限しましょう"という矢先に、"分かりました"と言いながら、N君に、"ちょっとだけよ"と言って、水を飲ませる。結局、一時間位、話し合いをもったと思えるが、帰られる頃には、魔法瓶の水を飲みほしてしまい、ミルクパンが5本、全部、食べてしまっていた。

　「この親、だめだ」と思った。いくら、"夜、水を少な目に飲ませなさい"と忠告しても、そのつもりで母親がいても、N君は、ものすごく、水を欲しがる。"我慢させなさい"、"はい"と言いながら、**制止しきれず、飲ませ続けている**。N君の言いなりになっている母親である。こういう親のしつけの下で、N君は、N君なりにそれに対応した生活の仕方を身に付けている。N君は、持っている力を十分に出し切らないでいると思う。

　いくら泣いても、要求しても、我慢させるという、ある意味の**母親の真の教育愛というか、開き直り**が大切であると思う。言いなりになるような母親は、一度、「神に誓ってでも」強固な決心をする必要があろう。子どもの言いなりになっていたら、絶対、夜尿は治らないと思う。

2）生活に役立つ「ことば」

　筆者が懇意にしているB中学校の校長から、特別支援学級を参観して

第Ⅱ部　思いやりの心情を育てる取り組み

欲しいという依頼があった。担任がM君に「**ことば**」を教えている。その子は、**自閉的傾向**、自閉症と言った方が適切かもしれない。両親は、"うちの子は、教えてもらったってことばは、覚えませんよ"と言っている。両親は、２歳の時に、ことばのでないのに気が付いて、それからずーと病院通いをして、中学２年まで**ことばの指導**を受けてきた。その結果、両親がたどりついたのは、「**うちの子はことばは覚えない**」ということであった。しかし、現在の受け持ちの教師は、ことばというものは、社会生活をする上で、たいへん大切なものだ。**何とか、教えてやろうと取り組んでいる**。親はだめだ。教師は教えたい……。連絡帳にいつも「ことばを教えました。憶えませんでした」と記入している。親は、その度に「うちの子にことばは教えないで下さい。教えたってだめなんです。自信をなくしますから」と繰り返し連絡帳に書き込んでいる。

　そこで、校長が、「**親の考えが適切か、担任の方が適切か、**」どっちか、判断して欲しいという訳である。そこで、筆者はいやな役割だと思ったが、断り切れず、中学校に出かけた。教室の後ろに両親が腰かけていた。M君に担任は**ことばの指導**をしていた。担任がライオンの絵カードを見せて、"これ、なんね"と尋ねる。すると、M君はパッと担任の顔を見る。担任が大きな声で"らいおん"と言う。そうするとM君が、続いて、"ライオン"と応える。次にラーメンの絵を見せると、パッと担任の顔を見て、担任のことばに続けて、"ラーメン"と言う。常に担任の発声より、少し遅れて言う。これは、**担任の真似をしている**のだな、真似の仕方を憶えたんだなと思った。そうしたら、「魚」の絵を見て、同じように"サカナ"と言わせてから、"魚はどこのいるね"と担任が尋ねた。しばらくして、次のカードが提示されないので、M君はおもむろに立ち上がって後退りしながら、歩く。どこに行くのかと思っていたら、金魚鉢のところに行って、じっと見ている。筆者は、「魚が分かったのかな」と一瞬、思った。その次に今度は、「うさぎ」であった。M君が"うさぎ"と言った後で、担任が"うさぎの歌を歌おうか"と言った。そうして、担任が大きな声で"うさぎ、うさぎ、何見てはねる……"と歌った。そうしたら、

194

M君も一緒に歌っていた。大体、そのような授業であった。

　この授業が終わった後、筆者が両親に"家でうさぎの歌、歌いますか"と尋ねた。"いいえ、一度も歌ったことはありません"。"今日は、ライオンだとか、ラーメンだとか、コップだとか、言っていましたが、家で言ったこともありますか"と尋ねたら、"一度もありません"って答えた。"そんなことはないでしょう"とかなり厳しく尋ねてみたが、"一度も言ったことはない"ってきっぱり、言われる。"言えることばが３つあります。許可を求める『イーイッ』、それから、別れるときの『パッパッ』と言います。もう一つは、したくないとき、『イヤー』と言います"。

　そこで、筆者は、どれ位、ことばを理解しているのかを調べることにした。筆者らがことばを、例えば、"トイレ"と言ったら、トイレの方を見る。"水"と言ったら、水道の方を見る。そういう反応の仕方が約40語あった。しかし、このような仕方での知識は、M君にとって、全く生活に役立たない、意味がない記憶であり、かっこのよいところを筆者らに見せたい**「芸」に過ぎない**と思った。筆者は、そういう記憶より、トイレに行きたくなった時、トイレを見て、担任に教えるとか、水を飲みたくなった時、水道を見て、相手に要求を表す、そういう「サイン」と捉えられる行動は、生活に根差している記憶であるから、意味があると思うが、全くない。

　このような「生きる力」に結びつかない指導が多くの学校では、なされている。そこで、本児は、40語、注視する仕方で憶えているのだったら、それを何とか、**「生きる力」**に結びつけられないものかと思った。M君に**要求場面**を作って、欲しい時に見るようにさせたら、如何か、それが生きたサインに結びついていくのではないか。ところが、担任も、両親も、口を揃えて、M君には、**ほとんど、要求する、欲しいものがない**と言う。そこで、M君の生活ぶりを観察することにした。注意して見ると、M君の行動は、**すべて要求であることが分かった**。つまり、トイレに行きたいとか、水が飲みたいとか、帰りたいとか……。

　担任が画用紙に色を塗らせている。しっかり、塗っていると、手が汚れる。気になるから、洗いたくなる。これは要求であろう。少し、手が

第Ⅱ部　思いやりの心情を育てる取り組み

汚れた位では、手をちょっと見るだけである。"先生、もっと汚させて下さい"。"もっと汚せ。もっと汚せ"。しまいには、真っ黒に汚れてしまい、すっかり、落ち着きがなくなった。そこで、"洗いたい時は、こうするのよ"とM君の手を取って、**両手をこすり合わせるサイン**を教えた。

3）自己中心的な「自我」

　この頃、弱い者いじめをする子、障害児に差別的なことばを言う子、集団になじめない子等が、マスコミで取り上げられる。このような子どもには、共通して、思うようにいかないことに我慢ができず、人の痛さを自分のこととして感じられないで、**自分中心にものごとを考える傾向**が認められる。それは、一人っ子で大切にされ過ぎたり、過大に甘やかされて、わがまま一杯に育てられ、「自分」をしっかり見つめる機会がなくて、「**自我**」が育たなかった子どもである。そのため、幼児期に殆ど、友だちともなじめず、家庭の中だけでの生活を余儀なくされたものと思われる。往時は、兄弟が多く、どこの家庭でも生活に追われており、特に一人だけが過保護に育てられることはなかったと思う。兄弟喧嘩は良くしたし、また、戸外で近所の友だちと夕方近くまで遊んだものである。自分の要求を通そうとしても、周囲が受け入れてくれず、無理強いすると、仲間外れにされたり、泣かされたりした。このような関わり合いの過程で、自然に**友だちの心情まで考える思いやり**の力がついたと思う。しかし、現代は兄弟も少なく、戸外で遊ぶ友だちもいない。そのため、以前のような育てられ方を期待しても難しい。現代に沿った育て方は、いかなる仕方があるのだろうか。筆者は、「これだ」という決定的な方法を思いつかないが、だからといって、ほっておく訳にもいかない。
　敢えて述べると、やはり、先ず、子どもの要求を無条件に認めるのではなく、良くないことは悪いと心を鬼にしてはっきり、言うしつけが大切であると思う。「**適応**」は、情緒が安定している心理的状態をいうことばである。それは、要求することが何でも思いのままになって安定し

ている姿ではない。うまくいかなくても、**思うようにならなくても、安定している強い耐える心**を言う。友だちとの触れ合いの中で、我慢することは、今の子どもたちにとっては辛いことであろう。しかし、これも、人として、生きていくためには、大切な能力である。親は、友だちとのいさかいを単に友だちのせいにするのではなく、"あなたにも責任の一端があるのですよ"と話し、聞かせて、厳しく発達を見守ってやる態度が肝要ではないだろうか。

4）「子どもは親の背を見て育つ」

　子どもに「**思いやりの心**」をもって欲しいのは、親の切実な願いである。それが育つ大切な条件は、子ども自身が周囲から、**思いやりをもたれていると実感していること**である。自分は誰からも無視されており、いない方が良いとさえ思われていると感じているのであれば、「思いやりをもて」と言われても、土台、無理な話である。案外、子どもは、「うるさい」と反感さえ、抱いているのではないだろうか。

　親の愛情には、複雑で、純粋に子どもを思いやる心の外に、親自身の虚栄心や独りよがりの思いやりの押し売りなど、雑多なものが含まれている。そのために、子どもへの表し方も多様であり、その仕方次第では誤解されて、捉えられてしまうことになりかねない。とにかく、子ども自身が「**私は思いやりをもたれている**」と実感していることが先決である。そうすると、少なくとも、**親との関係では、情緒が安定し、信頼関係ができ**、思いやりが育つだろう。

　祖父母に思いやりをもって欲しいのであれば、親自身が常にお世話するのを厭わず、こまめに気配りをして、積極的に努めることが大切である。親が祖父母の面倒を心から行う姿を見て、見様見真似で親と同じように行うと思う。「**親の背を見て子は育つ**」という格言がある。ことばで注意するより、親自身が一生懸命、行動することである。そうすると、子どもは、親を尊敬するようになり、親への思いやりも更に深いものになるだろう。

3章
社会に負けぬ「生きる力」を有する人間の育成（公開講座）

3章　社会に負けぬ「生きる力」を有する人間の育成（公開講座）

1　「生への欲求」の活性化を図る受容的接し方

1）心を開くとは、閉ざすとは

①開くとは

　熟睡して、起床。快晴。気分爽快。軽く体操する。食事がうまい。そのような朝は、"今日は1つ、精一杯、仕事をするぞ"という元気が沸いてくる。早く、出勤して、同僚と話をしたくなり、上司の苦言も素直に受け入れられそうな余裕が出てくる。また、言いにくいことも気兼ねなく言え、難しい仕事も"やってみよう"と意欲がわいてくる。まさに、**「心が開く」**とは、こうした高揚した気分をいうのではないだろうか。

②閉ざすとは

　睡眠不足が祟って目覚めが悪い。無理に起きてみると、空はどんより、曇っていて、今にも雨が降りそう。食事も進まない。妻から苦言を言われる。他人と会うのも億劫で話もしたくない。何にも考えたくもなければ、動きたくもない。注意でもされるものなら、素直に受け入れられず、反発したくなる。こうした沈んだ気分を**「心を閉ざした状態」**というのではないだろうか。

　以上は、日常茶飯事の朝のひとこまだが、特に後者のような気分が長時間、または、長期間、持続するとか、極端に強く発現するとかなると、それは、尋常でなく、他人にも迷惑をかけることになり、仕事にも、日常生活にも支障がでてくるので、問題として取り上げざるを得ない。

　以下、後者に絞って話を進めたいと思う。一体、**「心を閉ざす」**原因は何であろうか。本人の能力や要求などの個人的条件と、家庭や学校・施設などの環境的条件とがかみ合わず、後者があまりに強固なため、本人が折れるか、我慢せざるを得ず、ストレスが溜まった状態をいうので

201

第Ⅱ部　思いやりの心情を育てる取り組み

はないだろうか。**本人の側の問題**としては、本人に知的障害があり、周囲の働きかけが理解できなかったり、受け入れる能力がないとか、性格的に気が弱いとか、大切に育てられ過ぎ、利己的な性格が形成され、自分勝手な要求を固執する場合もあるだろう。また、**家庭や、学校・施設側の問題**としては、本人を無視した難しい生活規制が強要されたり、本人が熟考して決めた願いごとを一蹴されたり、対面を傷つけられるような言葉を、他人の面前で浴びせられたり、厳しい作業が強いられるグループに配属されたりするなどが考えられる。近年、騒音や、大気汚染、職場の人間関係、解雇、失業、転居、離婚などがストレスを起こす要因、「**ストレッサー**」として、問題視されるようになった。

③心を閉ざした人の反応型

　諸々の要因が錯綜し合って、自分では解決できない場に遭遇すると、「心を閉ざした状態」になり、多様な仕方で打開策を講じることになる。一般に、「**心を閉ざした状態**」の反応型としては、以下の３型が挙げられる。①攻撃的な行動へエスカレートする型、②場面からの逃避型、③その場に留まり、防衛的な仕方で適応を試みるか、神経症的な症状を現すようになる型である。

　攻撃的な行動へエスカレートする型には、妨害した相手に向かって徹底抗戦で抵抗する型と、事物に対して八つ当たりする型がある。また、反対に自分自身を攻撃の対象にして、傷つけたり、自暴自棄になって不摂生をする型、それが高じて自殺までに至る型が挙げられる。

　場面からの逃避型は、阻害場面から身体的にも、精神的にも離れることであるが、空間的には離れられても、心の苦しみは開放されない訳であるから、一時でも忘れられるように好きなことをして、気を紛らわすなどが挙げられる。

　その場に踏みとどまる型は、軽い場合は、気を紛らわしたりして解消できるが、程度を越すと、ますます、ストレスが高まり、**神経症的な症状**が現れることになる。不登校、神経症、不眠症、拒食症、吃音、緘黙

症、胃潰瘍、十二指腸潰瘍、気管支喘息、高血圧症、円形脱毛症等、多様な現れ方をする。

ストレッサーが多い現代社会では、「心を閉ざした状態」にならないためには、本人の努力だけでは、如何ともできない。このような場合、できるだけ、人間関係に支障をきたさない範囲内で、気を紛らわすなどして、軽く処理することが大切である。阻害要因が大きくて、逃げられない場合でも、忍耐力が育っておれば、我慢して、容易に終わらせることができよう。更に、**程度の大きな阻害状態**に見舞われ、自力では打開できない状態になると、専門医などによる、他人の援助が必要になってくる。これから述べる症例は、このような場合に、どのような方法で「**心を開かせること**」に成功したかについて、紹介する。

2）心を閉ざし、深刻であった症例

①自閉傾向のHが心を開くということ

小学校2年生のHは、男の子で、身長、体つきは、少し、太り気味で背は高いほうである。言葉は挨拶や返事が気分にまかせて発せられる程度で、「ない」といったほうが適切であろう。療育手帳は「A」で、重度の知的障害児であり、**自閉的傾向**という診断名がついている。支援学級に、一人だけ在籍している。

国語と算数を「合科」した学習を受けている授業を参観した。文字をなぞり書きする内容と、りんごやみかんを数えたりする内容とであった。しかし、どちらの学習でも文字盤や果物などの教材を一切、見ようとせず、常に右側上方を凝視するようにしていたので、学習は成立しないまま終了したと言えよう。ところが、授業の途中、一区切りついた時、教師の静止を振り切って、トランポリンに突進し、しつっこく、跳んでいた。余程、乗りたかったのであろう。その時だけは生き生きしていたし、唯一、**自発的な活動**だったといっても過言でない。自閉的傾向の子は、集団の中にいるという意識が乏しく、他人と視線を合わせることが苦手で、「自

第Ⅱ部　思いやりの心情を育てる取り組み

閉」という言葉どおりに、常に「**心を閉ざした**」状態にある。そのため、障害を持っていない子どもと同じような指導法で無理強いしても授業には乗ってこない。

　Hの「心を開かせる」には、**感覚統合法**（5章－2、参照）が適切だろうと直感的に思った。というのは、トランポリンに乗りたかったのは、平衡感覚を活性化する刺激を「**脳幹部**」に送るために、生理的に要求しているからである。このような時期には、平衡感覚ばかりでなく、運動感覚や触覚などの刺激も十分に与える必要がある。Hの場合、まだ、行動を意識化する能力が**脳幹部**に育っていないために、指示を聞いて、それに従う共同作業が難しいと推察される。「急がば回れ」という格言があるが、先ず、トランポリンやブランコなどに数多く、乗せたりして、平衡感覚を活性化する刺激を十分に与えて、脳幹部の発達を促すことが肝要である。そうすると、時間はかかるかも知れないが、少なくとも、教師が与えた教材に注意が向いて指示に従えるようになるのではないだろうか。Hのような子は、障害の特徴や発達の程度を十分に把握して、それを生かした指導をすると、「心を開いてくれること」になると思う。

②不登校のJが心を開くということ

　Jの祖母から予約の電話があり、「孫が正月明けから、登校しなくなった」と相談があった。家族構成は、祖父母、両親、J、弟の6人家族で、実権は祖母がもっているようである。母親は、自分の意見は持っているが、発言することはなく、家庭には居場所がないようである。J（長女）は、父親と母親、また、祖母と**母親**の意見が食い違うとき、**母の味方を**したいようであるが、母が益々、窮地に追い込まれるのを心配して、狭間でおろおろしているように見える。このような不安定な気の遣いようが、Jと母親との心情関係を強固な離れられないものにして、「心を閉ざすこと」になり、いわゆる、「**母子分離不安型**」の不登校になったと推察される。

　担任によると、Jは、頭が良く、トップクラスの成績であるが、友だ

3章　社会に負けぬ「生きる力」を有する人間の育成（公開講座）

ちが少なく、気が付く方で、心配性的な性格であるとのことである。例えば、2月頃、学級会で出席調べ係りを決めるとき、挙手したのでお願いしたところ、休憩時間に担任のところに来て、"私に学校へ来て欲しいから、指名したのでしょう"と心の中を見抜くような発言をしたという。家庭で、両親などが言い争いをしているときには、いつも、このような気の遣いようをしているのではないだろうか。

　そこで、私は、祖父母と両親を引き離すことが必要だと思い、**別居すること**を勧めた。祖父母は、孫が良くなってくれることであればと、快く、了承した。ところがその結果、両親の関係が険悪になり、母親は、実家に帰ってしまった。父親は、妻への接し方を悔い、約1か月経った頃、迎えに行き、母親に帰ってもらった。Jは、人が変わったように快活になり、登校するようになった。3学期には勉強の方も元来、頑張りやだったので、頭角を現すようになった。

　不登校になる原因は、一般に、本人自身の性格にも求められるが、家族関係や友だち関係にある場合もある。Jのように複雑な家族関係のもつれが原因の場合もある。しかし、祖父母や両親はまさか、自分たちに重大な原因があるとは気付いてはいないし、気付こうともしていなかった。幸いに、Jの場合は、祖父母が「孫が可愛いから」と素直に別居したので、解決した。不登校のことで筆者のところへ相談にみえるのは、母親が多いが、単に母親だけに「接し方が悪い」と責任を押し付けてみても、却って、母親は子育てに自信をなくし、益々、迷うことになりかねないので、効果は期待できない。母親がどうして、このような子育てをしなければならなかったのか、背景にある家族関係や親戚関係を探る必要がある。このような治療の仕方を、**システム・アプローチ**という。

③異食と他害行為の激しいKが心を開くということ

　知的障害児施設から講演依頼があり、出かけたのがKとの初めての出会いだったと思う。Kは、23歳の男性であるので年齢超過者であるが、他に移る成人施設がないので、留まっており、特別支援学校高等部に在

第Ⅱ部　思いやりの心情を育てる取り組み

籍していた。紙、草、小石、ごみなどを手当たり次第、口に入れる異食癖があり、そのため、腸閉塞になり、手術をしたこともある。また、特定の重度知的障害者の女性を「猫がネズミを狙う」ような仕草で狙って、急に近づき、頭を力いっぱい叩く**他害癖**があった。

　被害女性は、Kが近づいても、避けるだけの知的能力がない。Kがどうして、この特定の女性だけに固執するのかは、皆目、見当がつかない。Kは、一人っ子で、8歳のとき、母親が長期入院したため、父親が仕事の関係で入所させた。父親は、土曜日ごとに来所し、おんぶしたりして可愛がっていた。入所当初は、過食傾向で、食べ物に執着し、他児の食べ物を取って食べたり、冷蔵庫の中の物を食べたり、残飯をあさって食べたりしたようである。そのため、お腹をこわし、痛がることもあった。施設では制止する以外に適当な方法がなかったので、叱ったり、取り上げたりして対処していた。

　ところが、Kはカンシャクを起こして、茶碗や皿を放って割ったり、他人を突き飛ばしたり、八つ当たりして、神経の高まりを表すようになった。その内、次第に**眼前にある物は何でも口に入れる異食**と、**特定の障害女性の頭を叩く他害とが固定化**するまでに至ったようである。筆者は、家族と別れて生活しなければならなかった寂しさと愛情不足が過食傾向を促し、Kの気持ちを考えないで食べ物を取り上げたり、罰として一食抜いたり、他児を叩いたお返しとして、体罰を加えたりする**「規制中心の対処の仕方」**が異食傾向と他害行為をエスカレートさせ、「心を閉ざすこと」になったものと解釈した。そこで、①何を口に入れても吐き出すことを強制しない、②夜食を用意して、しっかり食べさせる、③職員が風呂に一緒に入ったり、添い寝したりして、思う存分、相手になってやる、④特定の被害女性との食事の場所を変えるなど、他害させる機会を作らないという方針を立てて、職員に協力を求めた。たくさんの職員が対応していたので、意見が合致せず、方針は、徹底しなかったが、少なくとも、**K担当の職員には、快く、協力していただいた**。4年間が経過して、Kが27歳になったとき、関係した職員で総括した。その頃には、

情緒が安定し、他害癖はほとんど見られなくなり、異食癖も完全ではないが、便の中に異物は見出せないまでになっていた。

Kの健康をおもんばかるために、無理に異食を止めさせようとした仕方や集団生活をしているので、他人に迷惑をかけるのは良くないと考え、厳しく他害を取り締まった仕方は、却って、Kを**「心を閉ざさせる」結果**にしてしまい、問題行動を強化させることになった。8歳になったばかりで両親から、離れて生活しなければならない寂しい心情や問題行動へと傷口を大きくしてしまった原因を、Kの立場からしっかり捉え直して、対処していたら、「心を閉ざすこと」にはならなかったのではないかと改めて対処の仕方の重要性を再認識させられる経験であった。

④激しい自傷癖のLが心を開くということ

この症例は、W教師の素晴らしい実践である。W教師は、**訪問学級の担当**で、筆者もL児（男性）の対処の仕方について、相談を受けたりしていたので、紹介したい。知的障害児施設に入所しているLに、W教師が初めて対面したのは、高等部に入学したとき、訪問教育の対象者としてである。Lは、鍵の掛けられた個室に独りでおり、顔面を傷つけないように、黒いヘッドプロテクターをかぶり、左目失明、両眼の外側には深い傷跡があり、痛ましい姿だったという。これらの傷跡は、激しい**自傷行為**によるものであり、病院では、抑制するために、1日3回の投薬を与えていた。そのため、歩くこともできなくなり、排尿・排便も失禁するまでに退行していた。

W教師は、自傷の原因を、周囲からの刺激が少ないために、いらいらして、自分で自身に刺激を入れようとする**自己内刺激的行為**が高じたものだと考えた。そこで、**全身運動である歩行運動**を日課として課す計画を立てた。初めは、100メートルを介助しながら、往復するのに、1時間かかったが、3週間後には、約30分に短縮された。1日1回30分と決め、松林の中の起伏がある300メートル・コース、入り口の門までの平坦な400メートル・コースなど、体調や天候に合わせて、変化をもたせ

第Ⅱ部　思いやりの心情を育てる取り組み

た。2学期になり、涼しくなると、2コース以外に、柿の実がなっており、コスモスの花が咲いている700メートル・コース、800メートル・コースを加えた。その頃には、投薬は、1日2回になり、歩行中は自傷がなくなり、**ヘッド・プロテクター**は外せるまでになった。1年次生修了頃には、笑い声さえ聞こえるまでになった。

　2年目に入ると、投薬は、1日1回に減り、トイレも独りで行けるようになり、食堂へは、介助不要で、行って食べることができるようになった。3年目には、約1キロメートルを歩き続けることができた。頻繁に接する職員との間には、**人間関係が成立**するようになり、Lの母親に似た看護士に関心を抱き、見つけると近寄って、両腕を広げて抱きつき、「スキ、スキ」の仕草をする。その時は、ニコニコと笑い出し、満足そうな表情をする。

　Lの自傷癖は、**規制中心の仕方**によって、強化されたと言わざるを得ない。しかし、Lが入所していた当時は、病院では、労働力が不足しており、個室に閉じ込めて、薬で抑える仕方しか対処の方法がないというのが実情だった。もし、W教師のような一緒に散歩をしてくれる人がいたら、「心を開く」ことも可能であったのに違いない。Lの自傷癖は、どうすれば減少し、「心を開いてくれる」かを、Lの側から考えて、それを厭わず行動に移すことの大切さを示唆しているのではないか。

3）心を開く状況作りの条件

①「生への欲求」の活性化を図る

　人は生来的に「**生への欲求**」を持っている。「生への欲求」とは、食べたい、遊びたい、誉められたい、成長したい、幸せになりたいなどを総称した言葉である。心理的・情緒的な問題の克服を援助する**心理療法**は、多くは根底に「生への欲求」を仮定して、治療をする。例えば、ロジャースらの「**来談者中心療法**」では、人は、本来、「**自己実現の欲求**」を持っているので、症児の考えを無条件に受け入れ、共感的に理解し、

適切に対処してやれば、苦しみから解放されると考えている。わが国で創始された精神療法の１つである「**森田療法**」では、神経症は、「生の欲望」が何らかの理由で挫折し、心身の不調となって現われたものであるので、考えを「あるがまま」に受け入れてやれば、「生の欲求」が再生し、健康になれると考えている。

　以上のように、「**生への欲求**」は、誰でも持っていると考えられるが、「心を閉ざした状態」になると、無くなってしまったかと思われるほど、**弱々しく**なってしまう。前述した症例の内、自閉傾向のＨでは、かろうじて、トランポリンに乗っている時だけ、目が輝いていたし、不登校のＪは、勉強が好きなのに、意欲をなくしてしまっていた。また、Ｋは、異食や他害に、Ｌは自傷に執着するようになり、「生への欲求」が認められないまでになった。しかし、彼らも「生の欲求」は持っているのであり、「心を閉ざした状態」にある時は、顕現していないだけに過ぎない。彼らは、個人的な要請や周囲の阻害要因があまりに強固なため、「心を閉ざした状態」を払拭するには、自力では如何ともできない。従って、他者の強力な援助が求められる。

②カウンセリング・マインドで接する

　「心を閉ざしているとき」は、「生への欲求」は、消失してしまったかのようになり、問題行動に執着するので、ありのままを、すべて認めてやることから、出発せざるを得ない。教師や職員の側の一方的な仕方だけで、効果が挙がる方法であると信じ、本人の心の状態を無視して、強要すると、Ｋが異食と他害を強化させたように、逆効果にさえなりかねない。

　本人の立場に立って、本人が周囲から被っている諸々の厳しい働き掛けを自分に受けているかのように捉えて、本人と同じように悩み、苦しむことを「**共感的理解**」と言うが、このような態度で接することが、肝要である。「相手の立場に立って考える」ことは、たいへん難しく、立っているつもりでも、実は、自分の立場だけで考えていた間違いに気付く

第Ⅱ部　思いやりの心情を育てる取り組み

ことがしばしばあるものである。そのためには、本人のありのままを受け入れる「**受容的態度**」で臨むことが条件である。Kの異食や他害を、悪いと評価するのではなく、起こるべくして起こった行為だと受け入れてみる。そうすると、Kの「心を閉ざしている心情」が見えてくる。

③「心を開く」場作りに徹する

　紹介した4症例は、複雑な要因が錯綜し合って、「心を閉ざした状態」を生起させていた。顕現した問題行動だけに囚われ、対症療法的に矯正する仕方では、絶対に解決しない。絡まった要因を、糸の縺れを解くように、解きほぐし、どのような場の構成に作り替えると、「心を開く」ことになるかを考え直す必要がある。　Jが学校へ行かなくなったのは、母親との分離不安が直接の原因かも知れないが、祖父母を含む複雑な家族関係がその背後にあった。そこで、祖父母に別居してもらった。異食のあったKでは、場の構成を実際に作り直すとなると、見解の違う多くの職員の協力が必要になった。また、自傷傾向のLでは、病院の労働条件の改善が求められ、難しい問題の打開が浮上してきた。

3章　社会に負けぬ「生きる力」を有する人間の育成（公開講座）

2　理解しにくい現代っ子の育ちと受け止め方

1）現代っ子の心理の特徴

①理解しにくい凶悪犯罪少年の心理

　少年の凶悪犯罪が多発し、しかも、低年齢化にあり、ごく普通の家庭で育ったごく普通の子どもと思われるような子どもが加害者になっている。そのため、同年齢の子どもをもつ親たちに「ひょっとすると、次はわが子が凶悪犯罪の加害者になるのではないか、痛ましい事件に巻き込まれるのではないか」と強い衝撃が走り、一種の社会現象さえ、引き起こしている。

　2000年5月、連休中、九州自動車道大宰府インターチェンジ付近で、佐賀発福岡行きの西鉄高速バス「わかくす号」が刃物を持った佐賀市内の無職の少年17歳に乗っ取られ、5人の死傷者をだすという事件が起きた。少年は、東京方面に行きたかったといい、初めから、バスジャックをやろうと決めていた訳でなく、何か目立つことがしたかったと供述している。少年の家は、共稼ぎの両親と妹の4人家族であり、中学時代は、超が付くほどの「真面目人間」で、皆から、良く、からかわれたといい、成績は抜群で、県内でも有数の難しい進学校に進んだ。しかし、気が弱い一面があり、友だちからいじめられることが多く、中学3年のときには、筆箱を隠され、返して貰うために、非常階段の最上部から、飛び降りて脊髄に大怪我をしており、それがもとで高校入学後、10日ほどで不登校になり、家に引きこもりがちで、妹に暴力を振るったり、犬を蹴ったりするようなった。それにしても、超真面目人間がどうしてバスジャックをして、殺傷するという大事件を起こすことになったのだろうか。

　2003年7月には、中学1年の少年が大型電気店から、4歳の男児を誘い出し、約4キロ離れた駐車場ビルの屋上へ連れて行き、はだかにして、

211

第Ⅱ部　思いやりの心情を育てる取り組み

鋏で身体を傷つけ、その後、約20メートル下へ突き落して殺害するという事件が起きた。この少年は、表情にも言動にも幼さが残る14歳で、弁護士も「その辺りを歩いている中学生と何ら変わらない、丸顔のかわいい感じの子」と印象を説明している。少年に両親のことを尋ねると、“おとうさんもおかあさんも好き、どちらも優しくて思いやりがある”と言っている。事件を起こすまでの軌跡をたどると、夕方、帰宅が遅くなったので、母親に叱られるのを恐れて、自宅に電話をしたところ、父親が出て、“おかあさんは出られない”と告げられ、少年は母親が怒っていると勘違いした。その後、百円ショップで鋏を買い、ゲームコーナーで、一人でいた被害男児を誘い、殺害に及んでいる。

　話は変わって、この年の5月は晴天の日が多く、梅雨が待たれたが、梅雨に入った6月1日、またまた、小学6年の女児が同級生をカッターナイフで首を切って、殺害するという痛ましい事件が起きた。給食時間に被害女児を学習ルームに呼び出して、椅子に座らせ、背後から目隠しして、数回、首を切りつけ、失血死させた。殺害を決意させた原因は、ホームページの書き込みでのトラブルであった。加害女児について、近所の人々は、“朝、会うと大きな声でおはようと挨拶する器量良しの子、孫がよく遊んでいて慕っていた。面倒見のいい子だなと思っていた”と話し、信じられない様子であった。“家族仲は良かったし、おばあちゃんが可愛がっていた、休みの日は、家族で良く出かけていて、仲のいいイメージがあった”とも、口々に述べていた。そのような優しい姿とは裏腹に、加害女児は、インターネットの書き込みでトラブルになったことに腹を立てて、殺害するつもりで学習ルームに呼び出したと、当初から殺害目的があったと話している。日常生活で見られるいい子の側面と殺害を決意させる鬼のような側面とのギャップ、その相反する大きな食い違い、この果てしない大きな間隙をどう理解すれば良いのだろうか。

②現代っ子の心理の特徴

　凶悪犯罪少年やその予備軍ともいえる虞犯少年から垣間見える現代っ

3章　社会に負けぬ「生きる力」を有する人間の育成（公開講座）

子の心理を推察してみよう。先ず、「**キレル**」が挙げられる。原因はほとんど見当たらないのに、カーッとなって、暴力を振るったり、大切な器物をメチャメチャに壊したりする。その間の行為を本人は全く覚えていないこともあるし、時には、逆に我々を震撼とさせるような殺人事件を起こす場合さえある。次に、「**いじめ**」が挙げられる。弱い者に暴力を振う行為が多発している。いじめの対象は多様である。弱い同級生であったり、時には、教師であったり、器物であったりする。

「**Ｅメールや携帯電話依存**」の子どもがますます増加傾向にある。Ｅメールを介して、メール友になり、相手に騙されて、犯罪にまで発展する「**出会い系サイト**」による事件が多発し、少女が巻き込まれている。近年、携帯電話は小学生まで浸透し、日常生活の必需品にまでなってきている。犯罪少年について、児童相談書や少年鑑別所などの精神鑑定の結果が公表されるとき、**人格障害とか、高機能広汎性発達障害、アスペルガータイプ自閉症、更に、ADHD（注意欠陥／多動性障害）**などという診断名がしばしば、目に入るようになった。これらの障害は、最近、特別支援教育でも対象として、取り上げられるようになった。

　最後に、佐世保の小6学年女児が友だちを殺害した事件、それに続いて起きた新宿区で中2年女子が5歳男子を突き落して大怪我をさせた事件などから、現代っ子は「**死**」の捉え方が不十分ではないか、「**死は再生しない**」という意味を理解していないのではないかが、疑問視されるようになり、死を学習させる必要性について、論じられるようになった。現代っ子の心理がどのように形成されたのかは、発達段階に応じた育ちの拠り所を明らかにすれば、かなりの部分が理解できると思う。以下、そのいくつかについて、どのように理解し、対処すればよいかを述べてみたい。

213

第Ⅱ部　思いやりの心情を育てる取り組み

2）現代っ子を支える環境と子育て

①乳・幼児期の育ち

　今日の家庭では、核家族化が進行し、育児経験の豊富な祖父母が別居するようになり、子育てについて、適切な情報を得る機会が少なくなってきた。そのため、母親は、些細な問題でも、どう対処してよいか、皆目、分からず、混乱し、昂じて、育児ノイローゼになってしまう場合さえある。また、**崩壊した家庭**が、たくさんあり、無責任な子育てが行われている。自分勝手な理由で、離婚したり、ドメスティック・バイオレンスといわれる夫の暴力により、母親が恐怖心に怯えながら、子育てが強いられる最悪の状態の家庭がある。2004年5月だったか、実母と20歳ぐらいの若い義理の父親から暴行を受け、死亡した幼児の痛ましいニュースが報道された。更に、どうしてもわが子が好きになれず、生理的に嫌悪感が生じるため、子育てを放棄せざるを得ない、母親とは言えない女性もいる。以上のように、多くはないが、必ずしも、恵まれた生活環境とは言えない危機的状態にある家庭がある。

　一方、少子化が進行し、大多数の家庭が、一人っ子であり、兄弟と触れ合うなどという体験は持てなくなった。戸外に出ても、子どもの姿は見当たらず、子ども同士一緒に遊べる状態にはない。往時は、兄弟がたくさんいたので、兄弟喧嘩も派手にしたし、屋外に出ても、直ぐに仲間が集まってきて、ゴッコやゲームに夕方、暗くなるまで没頭して遊んだものである。たまには、喧嘩をして、負けて悔し涙を流したことや、いじめられることもあった。このような経験を通して、**友だちとの触れ合い方**を身に付けたし、友だちが嫌がることも分かるようになったし、友だちを思いやる心を学んだと思う。

　現代っ子は、上手に接する仕方を体得しておらず、些細なトラブルでもすぐ、腕力にまかせて、ナイフを振り回したり、弱い者には、際限なく傷つけ、どうかすると、大怪我をさせるような残忍な行為に及ぶこと

もある。このような行き過ぎた行為は、1つには、兄弟や友だちと十分に触れ合っていないことが原因ではないだろうか。

現代っ子の心理的特徴である「キレル」について、**2001年の児童相談所の全国調査**によると、保育所では、2.9％の子にみられ、年長になるにつれて、増加する傾向であった。それは、40名のクラスに少なくとも1人はいる計算になる。男児が圧倒的に多く、最年少は2歳であった。この調査の結果で、興味があるのは、**キレル子の約70％が「虐待を受けていた」**ということで、家庭の養育に問題があることが明らかになった。「キレル」ことと虐待とはたいへん、関係が深いということを銘記すべきだと思う。

保育園児に「**人形遊び**」をさせて、親の養育の仕方との関係を調べた研究がある。人形は、体長25センチ位のリカちゃん人形と言われるもので、手・足・頭・身体などをバラバラにした状態のものと、同種の人形が組み立てられた状態のものの両方を子どもたちに与えて、どちらの人形でどのようにして遊ぶかを観察した。そうすると、もっぱら、組み立てて遊ぶ子、また、反対にバラバラにして遊ぶ子の2グループに別れた。これらの2群について、**養育態度**との関係をみたところ、**バラバラにした方**は、親は子どもの要求を聞こうとせず、指示どおりにさせようとする、言うことを聞かなかったら、叱るばかりか、以前に約束した、例えば、日曜日にデパートに連れて行くと約束したことなど、を一方的に破棄する、親の気分次第で体罰を加えたりするなどの、いわゆる、**拒否型**であったという。それに対して、**組み立てる側**の子どもは、要求をできるだけ、聞き入れようとする、言うことを聞かない場合でも、どうしていけないのかを分からせようとするし、少なくとも、以前の約束事まで、理屈なしに破棄するようなことはしない**受容型**であった。

即ち、ストレスがたまるようなしつけは、極力避けるようにしていた。興味があるのは、バラバラにした方の子どもには、多動傾向の子どもが多く、落ち着きがなく動き回るので、よく、怪我をするとも言われる。抑圧された葛藤が無意識にこのような行動となって、現れるのではない

第Ⅱ部　思いやりの心情を育てる取り組み

か。「**キレル行動**」も積り積もった葛藤が、些細なきっかけで、一気に爆発したものではないだろうか。虐待といえば、大怪我や死に至るような暴力を子どもに加える行為をイメージしがちだが、広義には、拒否的なしつけも含まれるものと思う。

②小学生時代の育ち

　児童期に入ると、生活の大半は家庭から学校生活へ移っていく。**日本学校保健会（1998）の調査**によると、学校で過ごす時間は、小学生が7時間26分、中学生が9時間8分、高校生が7時間35分で、1日の約3分の1を学校で過ごすことになる。3分の1が睡眠時間と考えると、残りの3分の1が学習塾に行ったり、家庭の室内で勉強をしたり、携帯電話やテレビゲームをしたりする時間になる。そのため、郊外で友だちと遊ぶ時間は、ほとんどないといっても過言ではない。学校では、知的教科が重視され、それに優れている子が認められることになる。その流れに乗ろうとして、子どもたちは、塾に通ったり、両親に教えてもらったりして、勉強する。当然、脱落する子もでてくる。ある子は、学習内容が分からないため、立ち歩いたりして、授業の雰囲気を乱すことになり、他の子は、腕力を振りかざして学習を妨害することになる。教師はこれらの子どもの取り扱いに失敗すると、**学級崩壊**になり、コントロールがきかない最悪の状態になる。

　ADHD（注意欠陥／多動障害）の子どもが学級にいると、常時、席についておれず、落ち着きなく動き回るため、教師は、口癖のように"静かにしなさい"とか、"席について"という指示を与えることになりかねない。しかし、これらの症状は、脳の機能障害に基づいて生ずるのであり、本人自身も抑えられない性質のものであるので、教師は、無理強いしている訳で、つまり、虐待していると言っても、過言ではない。従って、反発心だけが強化されることになる。その結果、中・高校生にもなると、**反抗挑戦性障害**と言われるまでに重症になり、手の施しようがなくなり、凶悪犯罪を起こすことにもなりかねない。

3章　社会に負けぬ「生きる力」を有する人間の育成（公開講座）

　今日、子どもたちは学校からの帰りが遅かったり、塾に行ったりするため、友だちと遊びたいと思っても、放課後、隣り近所で年齢の違う子どもたちが集まって遊ぶ機会など、ほとんど、無くなった。そこで、大多数の子どもは、家庭内でパソコンでゲームをしたり、Ｅメールで情報の交換をしたり、また、テレビやビデオを視聴したりして時間を費やすことになる。**日本学校保健会（1998）の調査**によると、小・中・高校生全体で1日当たり、室内で過ごす時間は、約5時間、その内、パソコン、ゲームが約1時間半、テレビ・ビデオが2時間半費やしている。**ファミコン・ゲーム**で陥りやすい注意すべき点について、触れてみたい。

　近年、**仮想の現実（バーチャル・リアリティー）**に近い家具やファミコンのゲームなどがますます、増加傾向にある。店頭にある水槽の中のキンギョは、実物と見間違えるほど似ているし、また、本物の花かと思えるような造花がある。ファミコン・ゲームでも登場する人物やその他のキャラクター、また、ゲームの内容も限りなく、現実味を帯びている。ところで、人間は**現実的な思いと非現実的な思い**を同時に心に浮かべて生活することができる。喧嘩の弱い子が腕力の強い子からいじめられ、悩んでいるのが現実的な思い、その腕力の強い子を自分が餓鬼大将になって傷みつけているのが非現実的な思いである。ファミコン・ゲームでは、まさにその**非現実的な夢**が現実と見間違う状態で、叶えられる。子どもたちが興味を持つのは、自分がウルトラマンになって、次々と敵を殺したりする非現実的な場面であり、日頃の鬱積したストレスが開放されるときでもある。仮想的場面では、敵もさるものながら、直ぐ、生き返って再び、挑戦してくる。一定時間内に何人殺したか、それに対して、味方は何人犠牲になったかなどで、勝敗が決まる。

　2001年6月、池田小で8人を殺害、15人に重軽傷を負わせた宅間は、「どでかいことをやって世間をアッと言わせてみたい。数をこなすのは、大人相手では難しい。子どもに限る」と非現実的な思いに耽るようになり、池田小の門をくぐってからは、「やるんだ」と自分を叱咤激励しながら、現実のものにしたと言われる。常人には、仮想の現実はどこまでも仮想

217

第Ⅱ部　思いやりの心情を育てる取り組み

の現実であり、それを現実と一体化させることはできない。佐世保の12歳の加害少女は、友だちをカッターナイフで刺し殺してしまった後、数日過ぎてから、弁護士に「**会って謝りたい**」と申し出たと言う。加害女子は、自分が殺したはずの被害女子がまだ、生きていると思っていたのだろうか。それとも、生き返っていると思ったのだろうか。

　そこで、現実の命について考えてみよう。「**命の一回性**」という言葉がある。命は、死んだら、生き返らないということである。最近、佐世保の或る小学校の６年生に"命は生まれかわるか"と質問したところ、半数以上が"生き返る"と答えたという。子どもたちの持っている命へのイメージは、ゲーム上でのものであり、簡単に死に、また、再生するという命である。核家族化したことにより、祖父母の死を直視する経験も少なくなった。また、店頭に並んでいる牛肉や鶏肉は、きれいに調理されており、単なる、物体でしかない。昨日は生きていて、草を食んだり、鳴いたりしていたとは考えることは出来ないのだろう。

③中・高校生の育ち

　中・高校生の時代は、身体的にも精神的にも大人に移行する**過渡的段階**で、情緒が不安定になり、育てにくい時期だと言える。自己主張が強くなり、反抗的態度を取るようになり、喫煙したり、外泊したりして、常軌を逸した行動をする子もいる。初めに紹介した凶悪犯罪の加害者たちは、この発達段階にある子どもたちであり、1つの原因として**情緒の不安定さ**がもたらしたものと考えられる。

　ここ数年間に携帯電話やパソコンが急速に普及してきた。携帯電話やインターネットを用いて交信している状態を「**ONの世界**」、直接、対面して話しているときを、「**OFFの世界**」と言う。中・高校生時代は、発達的に内閉的傾向が強くなるときでもあるので、直接、対面して気を遣う煩わしさがないＥメールやインターネットを好んで使用して友だちを作り、「**ONの世界**」に生活する傾向がある。**佐世保の11歳の加害女子**は、ホームページの書き込みがトラブルの原因であった。チャットと

3章　社会に負けぬ「生きる力」を有する人間の育成（公開講座）

呼ばれるパソコン上の会話ツールで大喧嘩をし、身体について、中傷されたことがきっかけで、殺人を決心したという。

「ONの世界」は、相手に気を遣う必要がないので、パソコンのノート上に本音を書いたり、相手の関心を引こうとして故意に自分のことを魅力的に飾って嘘をついたりする。その内、だんだん、エスカレートしていき、インターネット上の世界と現実の世界とが混乱してしまい、恋人になったり、無二の親友になったりする。このようにして形成された仮想的関係は、往々にして、**出会い系サイト**などを通して犯罪に発展することに結びつく。ネット上で「ONの世界」の友だちになり、次第に、美化され、親近感を持つようになった相手と、ある日、対面して「OFFの世界」の現実の彼を知ったとき、相手への思いが一気に冷めてしまい、別れようとしても、相手が認めてくれないために、殺害されるという犯罪に巻き込まれた被害女性がいる。また、Eメールで会うことを約束し、騙されて性被害に会う中・高校生がいる。

もう1つは、バスジャック事件や男子誘拐殺人事件、また、愛知県豊中市で起きた夫婦殺傷事件などの加害少年について、少年審判の判定結果が「**広汎性発達障害の一種、アスペルガー症候群**」という診断名であったことから、この障害が社会の関心の的になった。しかし、事件発生時の状態や日頃の子育ての仕方、友だち関係など、たくさんの要因が錯綜して、事件は生じるのであって、障害だけに決めつけることはできない。**アスペルガー症候群**とは、言語の遅れや知的障害が認められないのが通常であるが、他人の感情が読み取れない、場面に応じた適切な行動が取れないなどの障害特徴を持っている子を指す。このような子どもは、自分の行為が取り返しのつかない悲劇的な結果を招くという**予見性**がなく、発作的に実際行動にでてしまう恐れがある。知的な能力があるし、言葉もあるので、通常な子どもとして、取り扱われることが多いようであるが、細心の注意を払ってみると、予見は十分にできるので、日常生活の中で、軽はずみな行為が人にどんなに迷惑をかけることになるかを、繰り返し強調して教える必要がある。

219

第Ⅱ部　思いやりの心情を育てる取り組み

結語

　現代社会は、**ハイテクを中心とした情報化社会**である。ハイテク技術はますます発達し、普及する。それが余りに急速なため、活用の仕方を間違うと、悲劇に結び付くことになる。現代っ子は、生まれたときから、ファミコンなどをして、ハイテクに浸っていると言っても過言ではない。我々大人から見ると、**ハイテクを駆使する**「**新人間**」と言えるかも知れない。恐れず、1歩でも2歩でもわが子に近づいて、「新人間」の心が分かるように努力しよう。

　子育ては、場当たり的な対応ではなく、性質を理解し、心を受け止め、自分の力で伸びようとする芽を大切に育ててやる**民主的な心構え**が必要である。無理強いするのは、虐待である。子育ては焦ってはいけない。

【参考文献】

中沢正夫：「新世紀をどう生きるか－現代日本のこころ模様」全国障害研究会第33回全国大会　記念講演,1999.

初出一覧

第Ⅰ部　知的障害児に「生きる力」を育てる学習支援の在り方

1章　「生きる力」を育てる学習支援の意義

1、「最終講義特別支援教育35年の自分史」,1995.

2、①発達障害研究　13巻　4号　特集「生活力の系統をふまえた
教育課程」,1992.

②学習指導研修　精神薄弱特殊学級における授業運営1,1978.

3、広島大学付属東雲中学校教育研修会　講演「やる気の考え方・
育て方・とらえ方」,1986

4、学習指導研修　精神薄弱特殊学級における授業運営2,1978.

2章　学習支援を阻害する行動特性

1、学習指導研修　精神薄弱特殊学級における授業運営1,1978.

2、授業研究　82号　特集「進んだ子・遅れた子の考え方の特徴」,1970.

3、①福岡県教職員初任者研修会　講演「子どもの心を知る」,1992.

②発達の遅れと教育　特集「子どもが『見える』ということ」,1987.

3章　一人ひとりの実態や特性に即した教育課程

1、①北大路書房　精神薄弱児の学習指導「第3節　指導形態につ
いて」,1991.

②広島県教育センター・北九州教育センター他　講義録「教育
課程の編成と展開」等,1975〜1990.

2、発達障害研究　13巻　4号　特集「生活力の系統をふまえた教
育課程」,1992

3、文部科学省運営改善講座（西部地区）講演「心身障害児の発達
と教育」,1985.

4章　「生きる力」の育成を目指す授業スタイル

1、学習指導研修　精神薄弱特殊学級における授業運営3,1978.

2、北海道立特殊教育センター　特殊教育ほっかいどう11号「生活

に結びつく学習意欲を高める授業のあり方」,1990.

　3、精神薄弱児研究　247号　特集「指導の個別化と集団化」,1979.

　4、広島大学付属東雲小学校研究紀要「『個が生きる授業』を支える自己評価活動」,1992.

5章　重複した障害を兼ね備える子への学習支援

　1、安田生命社会事業団　障害児療育講演会「言葉の遅れた子どものコミュニケーションの指導」,1985.

　2、教育と医学　特集「学習障害と知覚・運動学習」,1983.

第Ⅱ部　思いやりの心情を育てる取り組み

1章　通常児に思いやりの心情を育てる学習支援

　1、広島大学付属東雲小学校教育研究会　初等教育9・10号「心を育てる授業への挑戦」,1990.

　2、同上

　3、福岡県特別支援学級設置校長研修会　講話「精神薄弱児の心理行動特性と指導」,1984.

2章　思いやりのある子が育つ家庭環境（家庭教育）

　1、広島市立仁保小学校　PTA研修会講演他「思いやりの心を育てる」,1984.

　2、広島大学付属東雲小・中学校　PTA研修講演会,1994.

3章　社会に負けぬ「生きる力」を有する人間の育成（公開講座）

　1、福山大学　公開講座講義録「人が心を開くとき・閉ざすとき」,2002.

　2、福山平成大学　公開講座講義録「理解しにくい現代っ子の心理と子育て」,2004.

【付記】

　古い統計資料は削除し、用語は、可能な限り、現代、使用されている言葉に統一した。また、内容については、新しい情報を付け加えるように心掛けた。参考・引用文献は、主要文献だけに限って、掲載した。

あとがき

　往年を想い出しながら、楽しく、懐かしく、本著を纏めることができた。著名な恩師の薫陶を受け、また、遠慮会釈なく、激論し合った研究仲間に感化され、また、実践を通して、応えてくれた現職教師の言動を確認しながら、書き溜めた草稿が基になっている。

　筆者に「主体的な学習」について発想が芽生えたのは、福岡教育大時代、大学教員になり立ての頃、大賀一夫教授（後に同大学長）の心理療法、なかんずく非指示的療法のご研究に感化を受けたことに始まる。三浦半島の突端にある障害児の研究所へ転任して、初めて分担した研究課題が「動機づけによる授業」であったため、生涯、一貫した研究テーマとして、定着することになった。

　研究所では、自閉症研究の先達である玉井収介部長に、症児の行動をきめ細かく観察し、納得できるまで徹底的に話し合って結論を得る事例研究の態度を教わった。また、梅津八三教授には、聴覚・視覚二重障害があり、当時の筆者には何ら手を施こす術もなく困っていた、全く情報を受け付けない幼児に、一歩一歩、着実にステップを踏んで、息詰まったら、あらゆる打開策を総動員し、例えば、触覚を介して、コミュニケーション力を習得させた、粘り強い事例研究の進め方に、「教育の不可能な子どもはいない。出来ないのは、教師の力量不足」という精神を教わった。

　広島大学に復帰してからは、筆者が独り立ちして、依頼があれば、どこでも出向いて、積極的に実践研究に挑むことになった。取り組んだ主な主題は、授業研究、教育課程、理解学習、重度・重複障害児の事例研究などであった。ほとんど、すべてが教育委員会や教育センター、学校、福祉施設などからの要請に応じる手続きで始まった研究ではあったが、その内、次第にのめり込んでしまい、手弁当下げて、現場に直行するまでになっていたものである。北九州市、山口市、広島市近郊の特別支援

あとがき

学校や設置学級が多かった。しかし、どの実践研究課題でも、根幹には、常に「生きる力」の育成にこだわり、先達から薫陶を受けた精神を見失わないよう、努めていたと思う。

　成果について概観すると、授業づくりについては、課題解決学習の構成ができる教材では、子ども中心型スタイルで行えば、生活に活かせる力が習得できること、「思いやりを育む学習支援」には、読み物教材による理解学習、及び直接体験型の交流学習があるが、どちらも自分の身になって相手を思いやる態度を、危機的場面を作って気付かせるようにすれば、効果が期待できること、また、重度・重複障害児の個別指導については、実態をしっかり把握し、不適切な環境を整理し、改善し、症児中心の接し方を根気強く行えば、想定以上の効果が期待できること等であった。

　以上、微々たる研究ではあったが、手前味噌にはなるが、努力に十分、応えてくれる成果があったと思う。内心、満足している次第である。拙書を読まれて、色々な感想を持たれると思う。肯定的に受け止められ、同様な方法で、自分も、挑戦してみたいと動機付けられたお方もあろう。しかし、中には、教師主導で、どしどし授業は進めた方が良い。生ぬるいのではないかと苛立ちさえ覚えられたお方もあろう。どちらにしても、立ち止まって、将来の「生きる力」の教育を、検討し直してみる縁になるのであれば、更に、拙書の提案に啓発されて、実践研究が深化していくのであれば、発刊した意義は十分あったのであり、嬉しく思う。

　草稿を入力するに当り、パソコンを使用するのが、大の苦手の筆者ではあったが、肩を押して下さり、苦にせず、全うできたのは、パソコン教室の寺西孝史先生と勝谷八千穂先生の力添えがあったからである。感謝申し上げる次第である。

以上

筆者　略歴

1932年生まれ
現在、広島市佐伯区在住

学歴

宮崎大学	学芸学部	修了	1955年
広島大学大学院	教育学研究科教育心理学専攻修士課程	入学	1961年
	同課程	修了	1963年
広島大学大学院	教育学研究科教育心理学専攻博士課程	入学	1963年
	同課程	退学	1964年
	文学博士（広島大学）	学位取得	1983年

職歴

宮崎県東臼杵郡南浦村立熊野江小学校	教諭	1952年
宮崎県小林市立東方小学校	教諭	1955年
東京都調布市立八雲台小学校	教諭	1956年
東京都調布市立調布第一小学校	教諭	1959年
同校	退職	1961年
広島大学教育学部	助手	1964年
福岡教育大学	助教授	1969年
国立特別支援教育総合研究所		
（精神薄弱教育研究部軽度精神薄弱教育研究室）	室長	1972年
広島大学　学校教育学部	教授	1980年
広島大学　付属東雲小学校長	併任	1990年
広島大学　付属東雲小学校長	解任	1994年
広島大学　教授　学校教育学部	停年退職	1995年
福山平成大学　経営学部　経営福祉学科	教授	1995年

筆者　略歴

福山平成大学　経営学部　経営福祉	学科長	1998年
福山平成大学　福祉健康学部	学部長	2004年
福山平成大学	学長	2005年
福山平成大学長	退任	2017年

現在

中国・四国心理学会	名誉会員
広島大学	名誉教授
福山平成大学	名誉学長
福山平成大学	名誉教授

生きる力を育てる学習支援
知的障害児のために

2019年5月30日　初版第1刷発行

著　者　田口則良

発行所　ブイツーソリューション
　　　　〒466-0848 名古屋市昭和区長戸町4-40
　　　　TEL：052-799-7391 / FAX：052-799-7984

発売元　星雲社
　　　　〒112-0005 東京都文京区水道1-3-30
　　　　TEL：03-3868-3275 / FAX：03-3868-6588

印刷所　シナノパブリッシングプレス

万一、落丁乱丁のある場合は送料当社負担でお取替えいたします。
ブイツーソリューション宛にお送りください。
©Noriyoshi Taguchi 2019 Printed in Japan
ISBN 978-4-434-26028-5